髙橋洋一式「デジタル仕事術」

Yoichi Takahashi system
digital work way

Digital

髙橋洋一

かや書房

はじめに

私は、仕事に行くときに、泊まりがなければ鞄も書類も何も持ち歩きません。持って行くのは、スマートフォン（スマホ）２台と予備のバッテリーです。仕事先の人からは、

「えっ、それだけですか」

と驚かれますが、本当にそれだけです。

スマホがあれば、ほぼ全部の仕事ができてしまいます。

仕事に必要なファイルやデータはクラウドに入れています。スマホからアクセスすれば、どのファイルでも呼び出して、仕事ができます。

詳しくは、本文で書きますが、スマホを活用すれば、鞄も書類も持ち歩く必要はないので、身の回りがすっきりとします。


こういった私の仕事術に、編集者が興味を持ってくれたようで、「デジタル仕事術について書いてください」と依頼されました。ただ、一口にデジタル仕事術といっても、幅があり

ます。スマホを使いこなす話なのか、データ分析の話なのか、それともプログラミングやAIの話なのか。

私は、どれでも書けそうだと思いましたが、編集者のイメージに合わせたほうがいいと思って、オンラインで打ち合わせをしました。

すると、編集者からリクエストがありました。

「『髙橋洋一チャンネル』の再生回数がすごいので、ユーチューブの話も書いてもらいたいですし、スマホの使い方も書いてもらいたいのですけれど、グラフの描《か》き方、読み方も書いてほしい」と。

けっこう盛りだくさんのリクエストです（笑）。私がいろいろな記事にグラフを入れているのを見て、グラフについては、もっと知りたいとのことでした。

そのときに、私が、

「私は、グラフから先に作りますよ。文字は後からくっつけるだけ」

と言ったら、

「え――っ！」

とビックリしていました。

編集者が言うには、自分たちはまず文字のみで構成すると。文字だけだと単調になってしまうので、あとからグラフを入れるそうです。

「私とはまったく逆だね」

と言うと、

「今回の本では、そこを詳しく教えてください」

ということになりました。


私は、遊び心で、編集者たちにグラフの宿題（笑）を出しました。エクセルで散布図を描くというもので、大学で学生たちに出している課題と同じものです。3人の編集者が挑戦しました。大学の授業みたいですが、その後、オンラインで答え合わせをして、解説しました。この宿題が、メチャメチャ好評で、「もう1問出してほしい」「もう1問」と言われて、合計3つの宿題を出しました。


宿題をやった編集者たちは、実際にグラフを描いてみて、まったくイメージが変わったそうです。

「自分で描いてみたら、グラフの見方が変わった」とか、「仕事観が変わるくらいの衝撃だった」とか（笑）。普段エクセルを使っていても、散布図は描いたことがなかったという人もいました。

散布図はデータ分析の基本です。

デジタル時代には、スマホなどのデジタル・ツールの使い方が上手になることも大事ですが、「ツールを使って何をするか」は、もっと大事です。データ分析のスキルはデジタル仕事術の根幹です。

データ分析ができなければ、仕事のツールが紙やペンからスマホに置き換わるだけで、これまでの仕事のやり方とあまり変わり映《ば》えはしないでしょう。

こうしたいきさつもあって、本書はデータ分析、グラフ分析にも、かなり力を入れて書きました。

編集者に出した宿題と同じ演習課題を第4章に入れていますので、ぜひ挑戦してみてください。

自分で国際機関にアクセスしてデータを引っ張ってきてグラフを描いてみるのと、本を読むだけで終わらせるのとでは、まったく違うと思います。手を動かして描いてみると、いろいろな気づきが出てくるはずです。3つの演習課題には、データ分析のエッセンスが詰まっています。グラフ作成を体感したうえで第5章を読んでもらうと、グラフについて、より理解が深まると思います。

盛りだくさんの内容の本ですが、デジタル時代を生き抜くために重要なことを全部入れたつもりです。メカ、ガジェットが大好きな私ですから、マニアックな話もありますが、参考になりそうなところを読んでいただければと思います。

私のデジタル仕事術が、みなさんのお役に立つことを願っています。

髙橋洋一

高橋洋一式「デジタル仕事術」
Yoichi Takahashi system digital work way
Digital

目次

編集●白石泰稔
装丁●明日修一
表紙写真●岩本幸太

第1章

「ユーチューブ」チャンネルを始めてわかったこと

ユーチューブで新しいチャンネルをスタート

2020年10月から「ユーチューブ」で新しいチャンネルを始めました。『髙橋洋一チャンネル』です。

自分の名前を付けていますので、ちょっと恥ずかしい気もしますが、知り合いのエージェントの人と雑談をしていたら「今のこの話、ユーチューブで流したらどうですか?」と言われて、「それもありかな」と思ったことがきっかけです。

2020年は新型コロナウイルスの関係で、大学の授業はすべてオンラインになり、出勤する必要がなくなりました。講演なども大幅に減って、かなり暇になりましたので、自分でチャンネルを作ってみることにしました。あまり深く考えず「試しにやってみようかな」というくらいの気持ちで始めました。

やってみた率直な感想は、「新しいことを試してみるのは、いいものだな」。

おかげさまで多くの人たちにチャンネル登録をしていただくことができました。「もう、すっかりユーチューバーですね」と言われることもあります。ユーチューブには多くの人が関心を持っているようで、ユーチューブのことをよく聞かれるようになりました。

でも、私がやっていることは、ほぼ雑談（笑）。

エージェントの人のところに、1週間に1回行って、1時間半くらい雑談して、それを短く切って、ほとんど編集しないで流しています。1回の配信は10分程度。土日を除いて1週間で5回ほど配信するペースでやっています。

初めは政治・経済の話題が多かったのですが、私は映画が好きですから、雑談の中にときどき映画の話が出てきていました。そうしたら、「映画の話も流しましょう」ということになって、『髙橋洋一　映画の話チャンネル』ができました。こちらは3～5分くらい。収録のときに3つくらいの映画の話をしています。

私は、仕事と趣味を完全に分けて考えていて、「仕事はロジカルでなければ通用しない」と思っていますが、映画は、楽しくて荒唐無稽なほうが好きです。映画にあまりロジックを持ち込んでほしくありません（笑）。

私が見る映画は、楽しい映画が多いですから、『映画の話チャンネル』のほうは、雑談そのもの、おちゃらけそのものです。

『髙橋洋一チャンネル』と『髙橋洋一　映画の話チャンネル』を合わせても、収録時間はせいぜい1時間半。週に1時間半くらい雑談をして、それぞれのチャンネルで流しています。長くても10分程度の動画にしていますので、1時間半の収録で8本分くらいの動画を収録できます。

■髙橋洋一チャンネル　週5本（予定）
■髙橋洋一　映画の話チャンネル　週3本（予定）

チャンネルで話すテーマは、視聴者の方々のおかげで、自分で考えなくていいので助かっています。視聴者の方々がコメント欄にいろいろな質問を書いてくれます。それをインタビュー役の人がピックアップして、私に問いかけます。

ニュースで話題になっていることについて、「これはどういうことですか」というような質問が多く、私はそれに答えて、おしゃべりをしているだけです。

やってみると、とても簡単。普段のおしゃべりを流しているようなものですから、見てくれる人には申し訳ない気もしますが。

「1つのテレビ局を持っているような感じですか」と言われることがありますが、そこまで気張ってやっているわけではありません。「ニュース解説」などというつもりはまったくなくて、かなりふざけた感じでやっています。ウソを言うことはしませんが、冗談っぽくしゃべっています（笑）。

「面白い」と言ってもらうことが多いのは、気張らずに、半分おふざけのような感じでやっているのが受けているのかもしれません。

ユーチューブのチャンネルにはいろいろなやり方がありますから、私が出演している番組にも、もちろん、まじめにやっているものもあります。

私が定期的に出演しているチャンネルは、次のようなものです。

■髙橋政治経済科学塾講義ユーチューブ配信

有料会員向けの経済科学塾として、動画を撮影して配信しています。その一部を一般向けにユーチューブで流しています。ジャーナリストの人が手伝ってくれて、その人の質問に答える形になっています。内容は大学の講義に近いまじめなもの。時間は、10分くらいの短めのものから50分くらいの長いものまであります。配信は不定期です。

■長谷川幸洋と髙橋洋一のNEWSチャンネル

ジャーナリストの長谷川幸洋さんから、ユーチューブ配信をしたいと言われて、お手伝いしています。長谷川さんが質問してくれて、それにコメントするだけですから、わりと気楽にやっています。

配信は1カ月に3回、1回当たり1時間くらいの収録です。スタジオに行って話をするときもありますが、最近はほとんどがオンラインです。自宅からiPhone経由で番組に出ています。

このほか定期的に出演しているのは、

■文化人放送局
■真相深入り！　虎ノ門ニュース
■ニューソク通信社

などです。

文化人放送局は、1週間に2回程度、合計4時間くらい出ています。虎ノ門ニュースは月1回。ニューソク通信社は、ときどき出演するだけですが、iPhoneで自撮りして出ています。

各チャンネルともに、オンラインで出演可能なときは、オンラインにしてもらっています。「ユーチューブで忙しそうですね」と言われますが、ユーチューブの撮影でスケジュールがいっぱいになっているわけではなく、けっこう短時間の収録で済んでいます。

ユーチューブは儲かる仕組みになっている！

自分のチャンネルを持つ前は、他の人のユーチューブ・チャンネルに出演者として出て出演料をもらっていました。

自分でチャンネルを始めてみると、その十倍以上にもなるような広告料が入ってきて、ビックリしました。ある意味で、チャンネル運営者たちの儲けのカラクリがわかってしまいました（笑）。

儲けようと思って始めたわけではありませんが、コロナによって減った講演の収入を十分にカバーできるくらいにはなっています。再生回数がある程度の数字にならないと広告料は入ってきませんが、再生回数が増えるとその分だけ広告料が増えます。

芸能人がテレビへの出演から、自分のユーチューブ・チャンネルに移っている理由がよくわかりました。チャンネルを持った芸能人は、広告代理店や芸能事務所にいかに搾取《さくしゅ》されていたのかがわかってしまったのではないでしょうか。

そういう話が仲間の芸能人に伝われば、みんながユーチューブをやりたくなるのは当然だと思います。

もちろん、一番儲かるのはグーグルです(笑)。ユーチューバーが儲かれば儲かるほど、グーグルは、もっと儲かります。

自分のチャンネルを持つことで、収益構造も含めて、わかったことがたくさんあります。

自分がネタ元にならないと、ユーチューブでもやっていけなくなる

ユーチューブは、間に入る人が必要なくなることを実感させてくれます。わかりやすく言えば、「中抜き」をして食べている人は、もういらなくなるということです。

広告代理店や芸能事務所など「中抜き」をしていた人たちは、儲からなくなっていくはずです。マスコミもやっていけなくなります。マスコミはメディアとも言われますが、まさしく中間という意味。デジタル時代は、誰もが直接情報を発信できますので、中間にいるマスコミの存在価値はなくなっていきます。

新聞記者は、省庁の記者クラブに入って、省庁や官僚からネタをもらって、新聞に書いていますが、省庁が直接国民に情報を流せる時代です。間に入る人はいらなくなります。

有名人がユーチューブで直接情報を発信すれば、テレビも必要なくなるでしょう。実際、芸能人やスポーツ選手が、テレビからユーチューブに移っていることを見れば、テレビの存在価値がなくなってきていることがよくわかります。出版社も、著者が電子書籍を直接出すようになれば、仕事が減っていきます。間に入って仕事をしていたマスコミにとっては、非常に厳しい時代です。

ユーチューブ・チャンネルの中には、有名ゲストを呼んで、ゲストの人気で再生回数を増やしているチャンネルもあります。そういうチャンネルは、ゲストが自分のチャンネルを持って直接配信するようになれば、苦しくなるでしょう。

マスコミの人がユーチューブ・チャンネルを始めたりしていますが、マスコミの人はネタ元の情報を伝えたり、ネタ元をゲストに呼んで話を聞いたりしています。ネタ元が直接情報を流すようになれば、成り立たなくなります。

私もいろいろなチャンネルのネタ元の1人ですが、自分のチャンネルを持ってしまいましたので、自分のチャンネルで話してしまえば、ほかのチャンネルはネタ元の1つを失います。

現役の官僚のときは、直接発信することはできませんでしたので、マスコミの人にネタをあげていましたが、今はユーチューブで直接配信できます。

ネタ元から情報を聞いて流す人は、存在価値がなくなっていきます。デジタル時代には、自分がネタ元になることが、ますます重要になるはずです。

私が世の中に発表しているネタの多くは、独自にデータを分析した知見であり、私だけのネタです。「こんなグラフ、見たことがない」とよく言われますが、私が自分で分析したグラフですから完全オリジナル。「これをぜひユーチューブで解説してほしい」と、いろいろなチャンネルからオファーを受けています。

データ分析ができれば、独自のネタを生み出して、ネタ元になることができます。第4章、第5章では、データ分析とグラフの話を詳しく書きましたので、参考にしていただければと思います。データ分析、グラフ作成のスキルを身につければ、自分独自のネタを作って発信するチャンスが広がるはずです。

第2章

スマホがあれば、どこでも仕事ができる

同期したｉＰｈｏｎｅを2台使っている

私は、メカ、ガジェットが大好きです。スマホはアップルのｉＰｈｏｎｅを使っていますが、初代から全部持っています。新しい機種が出るたびに買ってしまいますので、家の中はｉＰｈｏｎｅだらけ（笑）。後で下取りに出そうと思っていたら時機を失してしまって、家の中にたくさんｉＰｈｏｎｅがあります。家内からは「あなた、何台、ｉＰｈｏｎｅを持っているの？」と呆《あき》れられます。

古くなったｉＰｈｏｎｅは、家族が使っています。古くなったと言っても、一世代前ですから、十分に新しいと思いますが。

今は、ｉＰｈｏｎｅ12ＰｒｏとｉＰｈｏｎｅ12ＰｒｏＭａｘを使っています。1台は仕事に使い、1台は予備として持ち歩いています。

中身は、同期ソフトを使って両方ともまったく同じ状態にしています。どちらを使っても同じです。

契約している電話会社と電話番号はそれぞれ違っていて、Ｐｒｏはａｕ、ＭａｘはＮＴＴ

ドコモ。私は、代理店で買うのではなく、アップルストアでＳＩＭフリーを買っています。ｉＰｈｏｎｅと連動しているアップルウォッチも使っています。アップルウォッチ自体でもいろいろなことができますが、特別な機能を求めているわけではなく、ｉＰｈｏｎｅと一体のものとして使っています。

アップルの製品が好きですが、Ａｎｄｒｏｉｄ機を持っていないわけではありません。Ａｎｄｒｏｉｄ機は、携帯電話としてではなく主にゲーム用に使っています。ギャラクシーフォールドという、折りたたみ式のものです。開くと画面が大きくなり、『ポケモンＧＯ』がすごくやりやすくなります（笑）。

パソコン並みの値段ですが、一番最初に出た折りたたみ式のものでしたから、買ってみました。今は、その次の最新機種を持っています。遊びにしか使っていませんが、文字も入力しやすいですから、生産性は高まると思いました。画面が大きいと、非常に使いやすくなります。それでもエクセルはちょっと無理。エクセルを使うには、パソコンくらいの大きさがないと、作業がやりにくくて生産性は下がってしまいます。

Ａｎｄｒｏｉｄを搭載したマイクロソフトのサーフェスデュオも2画面です。日本では発売されていませんが、購入してみたら文字が打ちやすいことがわかりました。文字を打つのであれば、デュオがいいかもしれないと思っています。そのほかに、回線としては大手以外のＳＩＭも持っています。遊び用の回線としては、楽天モバイルと契約をしています。

機種については、ざっと紹介しました。iＰｈｏｎｅ以外のスマホを使っている人もいると思いますので、ここから先はiＰｈｏｎｅ特有の機能でない限り、スマホと呼ぶことにします。

外出先での仕事、交通機関の利用もスマホでＯＫ

私が出かけるときに持って行くのは、スマホ2台と磁石式のバッテリーだけ。ノートパソコンも書類も本も持ち歩きません。スマホはポケットに入りますから鞄も必要ありません。どこに行くときにも、身軽ですっきりとしています。

外出先での仕事は、ほぼスマホだけでしています。私がスマホでしている仕事は、

■原稿の下書きを書く
■ネット上の資料を読む
■ツイッター、フェイスブックに書き込む

■自分のユーチューブをチェックする
■オンライン会議をする
■メールをする
■電話をする

スマホの文字は小さいため、私はやっていませんが、やろうと思えば次のようなこともできます。

■ワードで原稿を整える
■エクセルで分析してグラフを作る
■パワーポイントで資料を作る

通勤や出張で交通機関を利用するときも、スマホだけでＯＫ。

■電車に乗る
■新幹線の予約、乗車する

■タクシーを呼ぶ、タクシーの支払いをする

その他のことも可能です。

■コンビニで買い物をする
■自動販売機で飲み物を買う
■映画のチケットの予約、支払いをする
■ゲームで遊ぶ
■写真を撮る

ここに挙げたことができるだけで、仕事や日常生活では不自由しません。

どの分野でもオンライン対応が増えてきた

私は、今は勤め人ではありませんので、時間に縛《しば》られる生活はしていません。いわば気ま

まな自由人です。

ただ、周りの人からは、忙しそうに見えるようです。

大学の教授をし、官邸の参与の仕事をし、ユーチューブの番組を連日配信し、他の人のユーチューブの番組にも出演し、テレビ番組にも出ている。さらに、『夕刊フジ』の連載を毎日書いて、『現代ビジネス』にも連載している。そのうえ本も書いている。

実際には、それほど忙しくしているわけではありません。デジタル・ツールを使って効率的に仕事をすれば、1つ1つの仕事時間が短くなります。新型コロナウイルス以降、いろいろな仕事がオンラインに置き換わって、自宅でできるようになり、とても楽になりました。

毎日、朝は7時ごろに起きて、夜は12時くらいに寝ています。官邸に行くのは、1週間に1回くらい。経済財政諮問《しもん》会議に出席していますが、非常勤の仕事ですから、官邸に通い詰めているというようなことはありません。

大学の授業はオンラインに切り替わり、自宅からできるようになりましたし、あらかじめ授業を撮影しておいて、アーカイブに貯めておき、それを利用すれば、授業時間に縛られることもなくなりました。

出版社との打ち合わせは、みなオンライン会議です。出かけて行かなくてもよくなりました。

本書の版元である、かや書房から経済学者の田中秀臣さんと対談本『日本経済再起動』（2020年12月刊）を出版したときも、対談はすべてオンラインでした。私が対談予定時間までに自宅に帰れなかったときは、タクシーの中から対談をしました。スマホを使えば、タクシーの中でも対談はできます。

スマホで電車、新幹線、タクシーに乗る

スマホがあれば、移動のときに現金は必要ありません。

最近は電車に乗らずにタクシーで移動することが多くなり、都内の移動はタクシーにしています。タクシーは、配車アプリで呼んでいます。配車アプリはクレジットカードと連携していますので、タクシーを降りるときには支払いをせずに、そのまま降りられます。電車でも電子マネーで済みます。

たまに地方のタクシーに乗ると電子決済ができないこともありますが、新型コロナウイルスの関係で、地方に行くことは少なくなりました。

週に1回、大阪のテレビ番組でレギュラー出演しています。大阪に行くために新幹線に乗

るときは、ＴＶ局からもらった回数券を使います。その他で新幹線を使うときには、スマホで改札口にタッチするだけ。交通系ＩＣカードのアプリがスマホに入っていますので、スマホで新幹線にも電車にも乗れます。

アップルウォッチも使っていて、これはｉＰｈｏｎｅと連動していますから、アップルウォッチでタッチしても駅の改札を通ることができます。

スマホを持っていれば、東京―大阪間の仕事であれば現金はまったく必要ありません。飲み物なども、スマホで買えます。大阪で仕事を終えて新幹線に乗るまでの間に、時間が合えば映画館に行きますが、チケットは行きの新幹線でスマホを使って予約しています。

大阪に行くときに、ノートパソコンは持って行きません。どうしてもエクセルの作業をしなければならないときには仕方なく持って行きますが、文章だけの仕事であればスマホで十分です。

オンライン会議は、昔はスカイプでやっていた

私は、スカイプが出始めたころから、スカイプでのオンライン会議をよくやっていました。

地方の人と会議をするときにはスカイプでした。わざわざ地方に行ったり、東京に来てもらったりする必要はありませんでした。ただ、スカイプで対応をしてくれる相手は限られていました。私がスカイプでの会議を望んでも、相手が対応してくれなければ成立しません。ごく一部の人とだけオンライン会議をやっていたのが実情です。

ところが、新型コロナウイルスの関係で、世の中に一気にオンライン会議が広がり、どの会社でもオンライン会議に対応してもらえるようになりました。

コロナ前までは、オンラインでの打ち合わせを求めてくる出版社は1つもありませんでしたが、今は、ほぼすべての出版社がオンライン対応をしてくれます。出版社側から「オンラインでいいですか」と聞いてくれますから、非常に楽になりました。

オンラインで会議をすれば、録画できますから、メモを取る必要もありません。私がホストになることはありませんので、私は録画しませんが、ホストの人は録画できます。録画して後で確認することができて、楽になったのではないかと思います。

オンライン会議はスマホを使うのが一番ラク

私は、オンライン会議はスマホを使っています。1世代前の古くなったスマホはもう持ち歩きませんから、会議用のカメラとして使っています。スマホを写真立てに立てかけて、それで終わり。ヘッドセットも何も必要ありません。

スマホは、もともと携帯電話ですから、音声通話を前提に作られています。ハンズフリーの会話もできるようになっています。音声もきちんと拾ってくれますし、相手の声もよく聞こえます。

カメラの性能も非常に高くなっています。ノートパソコンについているカメラより画素数が高く、スマホのほうがはるかにきれいに映ります。

ときどき「髙橋さんの画像はきれいですね」と言われますが、スマホを使っているからです。パソコンで会議をやっている人に、「スマホを持っているんだったら、スマホでやったらどう?」と言っているのですが、なぜか、パソコンでやろうとするので不思議です。ホストでなければ、スマホのほうが便利です。

スマホは携帯電話ですから、マイクとカメラが内蔵されていて、システムとして一体になっています。

パソコンは、マイクやカメラがついていないシステムとして設計されていますので、カメラやマイクを外部デバイスとして認識させないといけません。認識する作業は、機械にとっては案外難しいことです。

パソコンに会議ソフトを入れている人は、カメラやスピーカーやマイクをどれにするか、選ばなければなりません。ディスプレイについている内蔵カメラにするのか、外付けのカメラにするのか。マイクはパソコンの内蔵マイクを使うのか、ヘッドセットのマイクを使うのか。スピーカーはヘッドセットにするのか、それとも内蔵スピーカーにするのか。

機械はそれらのデバイスを認識してつなぎ合わせなければいけませんが、うまく認識できずにトラブルになることはよくあります。

ノートパソコンでオンライン会議をやると画質は悪いですし、ヘッドセットがないと音をうまく拾えないこともあります。ヘッドセットも、有線にするのか、ブルートゥースにするのか、いろいろ考えないといけません。音を拾えているかどうかなど、マイクのテストも必要です。

スマホを使えば、何もする必要はありません。カメラ、マイク、スピーカーのシステムが一体ですから、選択も不要、調整も不要です。目の前にスマホを立てかける。それだけです。

ノートパソコンと違って、立ち上げも簡単です。ノートパソコンのふたを開いて、起動させて、使える状態になるまで待っていたら時間がかかります。スマホなら、すぐに起動できますし、万一トラブルになっても、再起動が比較的短い時間で済みます。

スマホを会議に使う場合の難点としては、電話に出られなくなることです。電話機として使っているスマホの場合は、会議用に使うときは電話機能を切らなければなりません。Ｗｉ−Ｆｉのある場所なら、機内モードにしてＷｉ−Ｆｉをオンにすれば、電話がかかってこないようにしてネット接続ができます。

ただ、Ｗｉ−Ｆｉが使えない場所だと、スマホで会議をしているときに電話がかかってくると困るかもしれません。それでも、スマホを２台持っていれば、一つを電話用にしておけば問題ありません。

会議ソフトはほとんど全部使っている

オンライン会議のアプリはたくさんあります。私は、セキュリティの問題からＬＩＮＥは使っていませんので、ＬＩＮＥのアプリでの会議はやりません。フェイスブック系のメッセンジャーも使っていません。それ以外の会議アプリはだいたい使っています。

私が会議のホストになることは少なく、だいたいクライアント側ですから、ホストの人が決めたアプリで対応しています。Ｚｏｏｍで会議をすると言われればＺｏｏｍ。マイクロソフトのＴｅａｍｓと言われたら、Ｔｅａｍｓを使います。グーグルＭｅｅｔを指定される場合もけっこうあります。政府の審議会はＷｅｂｅｘを使っています。

ホストの人は、いろいろな設定をしなければなりません。スマホではやりにくいのでパソコンを使うと思いますが、クライアントなら、スマホで十分です。

ホストが指定したアプリを起動して、目の前にスマホを立てかけるだけで、すぐに会議を始められます。

少ないアプリでシンプルに仕事をする

私が仕事で使っている主なスマホアプリは、次のようなものです。

■Simplenote
■会議アプリ（各種）
■Ｇｏｏｇｌｅカレンダー

■ツイッター、フェイスブック

「意外に少ないんですね？」と言われますが、少ないアプリでシンプルに仕事をしています。

このほかデスクトップでは、次のソフトを使っています。

■Simplenote
■秀丸エディタ
■ワード
■エクセル
■パワーポイント
■アウトルック

主に使っているのは、このくらいです。

仕事上必要な作業は、グラフ作りと、文字原稿書き。その2つができれば、ほぼ仕事はできますので、両者がやりやすい簡単なアプリを使っています。

秀丸エディタは、テキストを入力するためのエディタで、昔から使っていて慣れているので今でも使っています。デスクトップやノートパソコンでは秀丸エディタが使えますが、スマホ版の秀丸エディタはありませんので、最近はSimplenoteをよく使っています。

Simplenoteは、パソコンで書いても、スマホで書いても、すぐに同期してくれます。同期のスピードが非常に速く、スマホで書いてすぐにパソコンを見ても、まったく同じ状態になっています。すぐに同じ状態にしてくれるので非常に便利です。

テキストデータのみですが、文字を書くだけの仕事であればSimplenoteで十分。スマホで書きためておくと、後でパソコンで作業ができます。

テキストデータは、Simplenoteで同期させている

自宅でデスクトップパソコンで文章を書くときは、秀丸エディタで書いて、それをSimplenoteにコピー&ペースト。Simplenoteはデータを同期するために使っているような感じです。

Simplenoteは、マックOSもウィンドウズも、iOSもAndroidも全部で使えますから、Simplenoteにテキストデータを移しておけば、どの端末でも書いたり修正したり

することができます。文章を遡《さかのぼ》れる機能もあり、ちょっと前に書いた状態に戻すことも可能です。各文章にタグを付けられ、タグで検索することもできます。

こんなに便利なソフトが無料というのは不思議です。どこかに裏があるのかと疑ったのですが、酷《ひど》い裏はなさそうです。おそらく、Simplenote の便利さを知ってもらって他のところに誘導するための戦略ではないかという気がします。

Simplenote で最終原稿にまで仕上げることもできなくはないのですが、どの媒体も原稿には字数の制約があり、文字数を数えないといけません。ある程度形を整えて、文字数を調整するために、Simplenote で書いた原稿の素材をデスクトップのワードにコピーし、ワードで最終原稿にしています。

ワードでも同期はできますので、ワードで最初から書く方法もあるだろうと思います。

Microsoft365を契約していれば、クラウドのストレージの OneDrive が利用できます。OneDrive に入れておけば、iPhone上のワードでも、iPad上のワードでも、Android上のワードでも、ウィンドウズ10上のワードでも、同じデータを使えます。エクセル、パワーポイントなどのデータも OneDrive に入れておけば同期できます。

ただ、OneDrive を使ってワードを同期させるよりも、Simplenote のほうが速いので、私はテキストデータに関しては、Simplenoteを使っています。Simplenoteは文字通りシンプルで、立ち上がりも速いのでサクサク原稿を書けます。もちろん、これは好みの問題。OneDriveでもいいと思います。

エクセルは、Simplenoteのような代替するアプリがありませんので、OneDriveで同期させて利用しています。

昔は、ジャストシステムのATOK Padという、メモを書けるソフトを使っていました。文字入力が非常にやりやすいので、ATOK Padを使い、Evernoteを使って同期させていました。ATOK Padはi OSがアップデートされたときに、アップデートされなくなってしまい、使えなくなりました。使いやすかったので、ちょっと残念です。でも、Simplenoteがあれば同じことが簡単にできますので、今はもっぱらSimplenoteを使っています。

番組中にスマホを見ていると……

テレビやインターネットの番組で、私が出演中にスマホを見ていると、

「スマホなんか見てる！」

とよく言われます。

私がスマホで見ているのは、番組の進行表です。テレビ番組には進行表というスケジュール管理の書類があり、出演者には事前に配られます。番組を時間内に収めるために、進行表に従って番組が進められていきます。

多くの出演者は紙の進行表をもらっていますが、私は進行表のデータをメールで送ってもらっています。

進行表はワードで作成されていることが多いので、ワードのファイルをそのまま送ってもらいます。私はワードのファイルに、自分がコメントを求められたときに参照するリンクを貼り付けてスマホに入れています。

番組中にスマホを見ているのは、進行表を見たり、コメントをする前に、リンクのデータを見たりしているからです。

記憶に頼って曖昧なことを番組でコメントしてしまうよりも、資料を見ながら正確なことをコメントしたほうが視聴者のためになると思っています。

「紙」の進行表を使わずに「デジタル」でやっているだけなのですが、なかなかわかってもらえず、「スマホを見てサボっている」と思われてしまいます（笑）。そういう見方をする人は、スマホを使いこなせていないからでしょう。

紙の進行表と資料を使っている人の中には、資料がどこにあるかわからなくなって、まごついている人もいます。スマホの中に全部入れてしまえば、そのようなことはなくなります。

政府の会議もオンラインが多くなりましたから、紙の資料をもらわずに、資料をメールで送ってもらって見ています。官邸に行って会議をするときには、紙の資料が配られますが、事前にファイルを送ってもらっていますので、スマホで見ることもできます。

スケジュール管理はGoogleカレンダー

スケジュール管理は、iPhoneではGoogleカレンダーを使っています。Googleカレンダーをデスクトップで見るために、アウトルックで同期しています。

特に理由があるわけではなく、昔からGoogleカレンダーを使って、ウィンドウズのアウトルックに同期させていましたので、このやり方が私にとっては一番慣れているからです。不都合がないから、そのまま使っているという感じです。

同期させておけば、iPhoneで見ても、ウィンドウズ・パソコンで見ても、同じスケジュールが出てきます。

使っている端末ごとにスケジュール帳の内容が変わってしまうと困りますが、すべての端末で同期できるのであれば、どのソフトを使ってもいいと思います。アウトルックのカレンダーはスマホでも使えますから、すべてをアウトルックのカレンダーで統一するのもありでしょう。

ブラウザ、文字入力は慣れたものを使えばいい

インターネットのブラウザは、Google Chrome を使っています。Chrome を使い慣れているので、Chrome を使っているだけです。

Edge でも、ほかのブラウザでも基本的には同じです。以前は Edge は Chrome 系ではありませんでしたが、今は Edge も Chrome ベースで作られていますので、Edge でも Google Chrome でも同じようなものです。

私はずっと Chrome を使っていて、それに慣れてしまったので、今も Chrome を使い続けています。

文字変換も、慣れたものを使うのが一番いいと思っています。ATOKも、マイクロソフトIMEも、グーグルの日本語入力ツールも、変換効率は似たり寄ったり。優劣はありません。何を使うかは、習慣的なものです。

私は、昔からATOKを使っています。ATOK Padというメモのアプリがあったときには、それをメモ代わりに使っていました。不都合があれば変えなければいけませんが、不都合がなければ、慣れているものが一番いいと思います。

メールソフトは使い慣れたものを

メールソフトは、アウトルックとGmailを使っています。昔は、アウトルック・エクスプレスなどいろいろありましたが、マイクロソフトがアウトルックに一本化しましたので、アウトルックで全部のアカウントを管理しています。

アウトルックとGmailは、アカウントをダブルにしていて、片方に送られてくるものはもう一方にも送られるようにしています。自宅でメールをまとめて読むときには、パソコンでアウトルックを使い、外出先でメールを見るときにはスマホでGmailを見ています。

Ｇｍａｉｌはウェブ形式のものを使っていますので、アプリを入れているわけではありません。

「メールソフトは何がいいですか？」と聞かれることがありますが、「使い慣れているもの」というのが私の答えです。

大事なのはソフトではなくアカウントです。メールソフトは、メールを書いて送受信する機能を使うだけですから、どのソフトでもほとんど差はありません。使い慣れたソフトで不自由があるのなら別ですが、特に困ったことがなければ、使い慣れたものがいいと思います。

ツイッター、フェイスブックはほぼ「お知らせ」に使っている

ツイッターとフェイスブックは毎日のように使っていますが、ほぼ「お知らせ」用です。『現代ビジネス』などに記事が出たとき、本が出版されたとき、ユーチューブに動画をアップしたときにお知らせしています。

ツイッターは、書いたものを修正できない点がちょっと困ります。書き損じがけっこうありますので、修正したいところですが、修正できないのでそのままにしています。フェイス

ブックにも同じものを載せているのですが、フェイスブックは書き直しができます。書き損じたときには、書き直しています。

ツイッターには、新幹線から撮影した富士山をときどきアップしています。きれいに撮れたときだけですが（笑）。ちょっとしたメモ代わりにツイッターを使うこともあります。

ツイッターを情報収集の手段としては、使っていません。

フォローをしている人は何十人かいるのですが、ほとんどツイートを見たことがありません。米大統領とか、国内外政治家、経済学者のスティグリッツやクルーグマン、ローマ法王、政府機関、国際機関、メディアなどをフォローしていますが、念のためにフォローしているといったところです。

最近は、ツイッターに自分の意見を書く人が多いようですが、私は、データを知りたいほうですから、意見や主義主張にはほとんど関心がありません。

結果的に、ツイッターもフェイスブックも、ほぼ「お知らせ」の発信のみに使っているような状態です。

第3章

私の行っているデジタル仕事術

大学の授業はすべて「オンライン授業」に

私の勤めている大学では、2020年度はすべてオンライン授業となったため、大学には一度も行きませんでした。

「オンライン授業になると準備が大変ではないですか?」とよく言われるのですが、まったく大変ではありません。

「事前の資料作りが大変だ」と言っている大学の先生もいますが、オンライン授業になったから改めて資料を作るというほうが不思議です。私からすれば、「えっ、これまで資料もなしに授業をやっていたのですか?」という感じです。

私の場合は、テキストが作ってあり、それを解説するだけですから、対面の授業もオンライン授業も変わりません。

大学の先生の中には、オンライン授業に反対した先生もたくさんいたようですが、おそらく事前にテキストや資料を作っていなかったのでしょう。

そもそもの話として、大学で教師をしているのであれば、「これについて90分講義してください」と言われたら、どんな状況であっても講義できるくらいにしておかないと、授業になりません。直前に調べ物をしているような先生は、先生自身が内容について未消化あるいは消化不良ですから、学生はそんな教師の講義を聞いていても、よくわからないだろうと思います。

大学では半期で15回講義があります。1年間の講義内容は、シラバス（教師が学生に示す講義・授業の授業計画）というものに書いて事前に渡しています。1年間に講義する内容は事前に決まっているのですから、テキストや資料を用意しておくのは当然ですし、テキストがなくても、シラバスのテーマくらいは、どんなテーマであっても90分くらいは解説できるレベルの教師でないと、学生から「頼りにならない先生」と思われてしまうでしょう。

オンライン授業は留学生がいるからＺｏｏｍを利用

大学のオンライン授業はＺｏｏｍを使っています。学生の中に中国からの留学生もいるためです。

新型コロナウイルスの関係で、中国の留学生は日本に来ることができず、中国国内に留まっています。オンラインで授業をする際に、グーグルＭｅｅｔだと、ファイヤーウォールをなかなか越えられません。グーグルのアプリは中国政府から制限されているのでしょう。

中国の留学生が授業を受けられなくなってはいけませんので、Ｚｏｏｍを使っています。Ｚｏｏｍは中国でもつながるようです。

オンライン授業は、対面授業とは状況が違いますので、少し工夫しています。90分間、画面を見ているのは、集中力が続かない学生もいますから、15分くらいに分割しています。1回当たり15分の授業をいくつもやるというイメージです。ユーチューブと同じように、短めにしています。

リアルタイムで講義をやらなくても、事前に録画しておいてアーカイブで流すこともできます。スマホを使って自撮りして、アーカイブに授業を貯めています。

こういうやり方をすれば、大学に行って授業をするよりもはるかに楽です。通勤しなくていいですし、時間のあるときに、授業を撮影しておくこともできます。オンライン授業に切り替わって、非常に楽になりました。

アーカイブを用意しておけば、その時間に家にいなくても講義ができます。アーカイブを見て内容をまとめて、レポートを出してもらったりしています。

学生の書いたレポートを読むことは、対面授業でもやっていることです。20～30人くらいの学生ですから、それほど大変なことではありません。

パソコンを使うときは、2つのディスプレイを横に並べている

大学の授業以外の仕事で一番多いのは、原稿書きです。私の場合、原稿といっても文字原稿に力を入れているわけではなく、グラフ作成に力を入れています。使っているソフトはエクセルです。学者用の経済分析ソフトも使いますが、一般向けではないので、この本ではふれません。

スマホでもエクセルは使えますが、スマホでエクセルを使ってグラフを描くのは、画面が小さすぎて、イラついてしまいます。ノートパソコンも画面が小さく、資料を見ながらエクセルを使うことには向いていません。

私は、エクセルを使うときは、デスクトップパソコンを使っています。27インチのディスプレイを2つ横に並べて、片方には資料を表示させ、片方にエクセルを表示させて作業をしています。グラフを見ながら原稿を書くときも、片方にグラフを表示さ

せて、片方で文字入力ができます。2画面あると、とても便利で、仕事がはかどります。ノートパソコンを使うと、2画面にすることができなくなりますので、家ではデスクトップのみ使います。

ノートパソコンで仕事をしている人が多いと聞きますが、グラフを描かないのでしょう。グラフ作成仕事の効率を考えたら、大きめのディスプレイを2画面置いたほうが圧倒的にやりやすいはずです。コストの問題もあるでしょうが、2画面で仕事をすることは、お勧めです。そもそもノートパソコンというのは、持ち運び用のパソコンです。机に座って仕事をするのであれば、性能のいいデスクトップで、2画面のディスプレイを使って効率を上げたほうがいいと思います。

図表は2時間、文字は1時間くらいで書く

私が連載している主なものは、『現代ビジネス』（講談社）と『夕刊フジ』（産経新聞社）。『現代ビジネス』の記事は、月曜日の朝6時頃に公開されます。

原稿は、前日の日曜日の夜12時までには送るようにしています。夜の9時くらいから書き

始めますが、図表を先に作りますので、エクセルでの作業が2時間くらい。エクセルで作業をしながら分析して、頭の中にストーリーができあがっていきます。

図表を作り終えると、原稿のストーリーはだいたいできています。あとは、文章に落とし込むだけですから、カンタン。1時間もあれば、文字数を考慮して、文字調整するところまで終わります。

文章は秀丸エディタで入力して、それをワードにコピー&ペーストして、ワードで文字調整をすれば終わりです。図表を1つ作り終えると、1万字から2万字くらいの文章は書けますが、あまり長くなってもいけませんので、『現代ビジネス』は4000~5000字で書いています。

『夕刊フジ』には毎日連載記事を書いていますが、字数は1200字。週に1度、きちんとした図表を作っておくと、1200字くらいの原稿は、いくつも書くことができます。グラフができたときに頭の中にストーリーができていますので、とても簡単にできます。『夕刊フジ』の原稿は、30分~1時間くらいで書き上がります。

論文の書き方の作法を使って、図表から先に作っている

「はじめに」でも書きましたが、編集者たちに「私は、図表から先に描いて、文章は後で書く」と言ったら驚かれました。

マスコミの人たちは、グラフから作るという発想はまったくなく、文章を先に作るそうです。出版社の編集者は様々な著者とつきあっていますが、多くの著者の原稿は、図表がなく、文章だけだそうです。だから、文章の中に分析というものがほとんどないのだろうと思います。データ分析がなく、ひたすら自分の意見を主張するだけです。

私の場合は、自分の意見より、分析が命。先にグラフがないと文章が書けないくらいです。コアになるデータと解析されたグラフができると、文章に起こすことは簡単です。

もっと言ってしまうと、「ワードなんか使わなくても、エクセルの中に文章を書いてもいいくらいだ」といつも思っています。エクセルには文字も書き込めますので、エクセルで全部の原稿を作ることが可能です。表を作るときも、ワードよりエクセルのほうがはるかに簡単。エクセルさえあれば、ワードがなくても仕事は可能です。

図表を先に作っていくのは、実は、論文と同じ書き方です。私は、論文と同じ作法で書いているだけです。

論文のエッセンスは、表とグラフ。そこに重要な内容がなければ、はっきり言って、論文としての価値がありません。ですから、論文は、図表から先に作っていくのがオーソドックスなやり方です。

図表がない文章だけの論文は、例外を除き説得力がありませんので、世界の学者は読んでくれません。国際機関の報告書で、文章だけのものはまずありません。文章だけのものは、基本的には中身がないと見なされます。

論文は、問題に対して答えを書く作業です。それを説得的に書かなければなりません。図表を用いずに説得的なことを書くのは、まず無理です。ダラダラと文章を続けても、説得的にはなりません。典型例が新聞記事。新聞記事には図表がありませんから、まったく説得的ではありません。

小説は、図表がなく、文字だけで構成されています。小説はフィクションですから、説得的にする必要はありません。

私は映画が大好きですが、荒唐無稽であればあるほど面白いと思っています。フィクションの世界はとても楽しいと思います。

しかし、新聞記事や論文や報告書は、フィクションの作法で書いたのではダメ。説得的に書くために、図表は不可欠です。

英語の論文は、図表から先に読んでいる

私は、国際機関のレポートや海外の論文を読むときに、表とグラフを先に読みます。表とグラフだけを見れば、言いたいことの8割は理解できます。そこにエッセンスが詰まっているからです。

表やグラフを読み取って、「こういうことが言いたいんだろうな」とわかると、英文をものすごく速く読むことができます。図表を読み解けば、文章のほうは読まなくてもいいくらいです。

英語の論文を文章から先に読んで理解するためには、高度な英語力が必要になり、欧米の人と比べると日本人にはハンディがあります。

私は、英語はそこそこできますが、欧米の人の英語力とは比べものになりません。でも、

図表を読めれば、そこまでのハンディではなくなります。

数学や統計学というのは、英語と同じで「言語」のようなものです。数学という世界共通の言語がわかれば、図表の意味を正しく読み取れますから、英語が多少わからなくても意味を理解できます。

新聞は2次情報だからまったく読まない

私は、新聞は購読していません。20〜30年くらい前からずっとそうです。官邸勤務をしていたときも、新聞は読んでいませんでした。「新聞を読まずに官邸勤務が務まるのですか？」と質問されたことがありますが、十分に務まります。

今も、新聞は読んでいません。「〇〇新聞にこんな変な記事が出ていたよ」と聞いたときに、ネットでその記事を探して読むことはあります。記事を読むというより、批判のために記事を確認するといった感じです。

新聞は、「誰々がこう言った」という伝聞が書かれているか、あるいは、記者クラブを通じて官庁発信の情報が書かれているだけです。マスコミが自ら分析した、例えば国際比較のデータはほとんど出ていません。2次情報、3次情報ばかりで読むところがないため、新聞は読んでいません。

官庁発信の情報をわかりやすく解説している記事もありますが、実は、これも官僚が説明してあげて、それを書いているだけです。解説記事というより、人から聞いたことを書いた伝聞記事です。

私は官僚時代に新聞記者の人をたくさん見てきましたが、正直言って「情けないな」と思うことばかりでした。「ペーパーをくれ、ペーパーをくれ」と言うので、ペーパーを渡すと、「解説してほしい」と言ってきます（笑）。

文系出身の記者が多いため、データを渡すとまったく解読できないらしく、細かい説明を求めてきます。説明しても理解してもらえないので、私が記事を書いてあげたこともありました。ペーパーの文章を丸写しすれば記事になるようにペーパーを書いてあげたこともあります。

他にも、書き切れないくらい、新聞記者たちの情けない話があります。

こういう実情を知っていますから、新聞記事を読んでも役立つものはないと思って、新聞を読んでいません。幸か不幸か、新聞を読まなくて困ったことは一度もありません。

今は、デジタルツールを使って各省庁のサイトにアクセスできますから、直接各省庁の情報を見たほうが確実です。

テレビはワンセグで全部録画してある

私は基本的に、テレビは見ません。どうしても見たい番組があるときだけは、ハードディスクレコーダーで番組を指定して録画していますが、そういう番組はごく少数です。

テレビは見ていませんが、仕事柄、テレビ番組のことが話題になることがありますので、ワンセグで全番組を録画しておいて確認しています。確認するために見るだけですから、画質は重要ではありません。

利用しているのは、『ガラポンＴＶ』というもの。東京の地上波だけですが、８チャンネル分のワンセグを24時間、最大３カ月分くらい録画できます。ガラポンの録画機を自宅に設置して録画しておくと、スマホからアクセスして、どの番組でも見ることができます。外出先でも番組を

ガラポンTVを自宅に設置しておけば、8チャンネル全ての番組を自動録画できる。ガラポンＴＶ株式会社

見られます。

誰かと会っているときに、「2カ月前の討論番組で、○○さんがこんなおかしな発言をしていた」と聞いたら、その場でスマホからガラポンにアクセスして、2カ月前の発言内容を確認することもできます。

数学科出身の私は本をあまり読まない

私は、昔から本をあまり読みません。

数学科出身者に特有かもしれませんが、数学というのは、自分の頭の中ですべてを考え出さなければいけない学問です。本を読んだり、人に話を聞いたりして何かを生み出すのではなく、何もないところから、自分の頭の中だけで考えて、何かを生み出すのが数学です。

東大の数学科に入ったときに教授から最初に言われたのは、

「本を読む必要はない。論文を書け」

でした。

世の中の本に書かれていないことを生み出していかなければなりませんので、本を読んでもあまり意味がないのです。

数学というのは、知識が必要のない学問であり、覚えることは何もありません。「公式を覚えなければいけない」というのは数学のできない人の典型です。無理に覚えようとするから数学を嫌いになってしまうのであって、実際には、数学ほど何も覚えなくてもいい学問はありません。公式は覚えるものではなく、定義をわかっていれば自然に導き出せるものです。

余計な情報に邪魔されずに自分の頭で考えたいので、私は本をあまり読みません。特に、主義主張が書かれているであろう本は、まったく読みません。本を読むくらいなら、データを引っ張ってきて、自分で考えます。

読むのは、主に論文です。論文にはアイデアが詰まっているため、論文は考え方の参考になることがあります。

情報収集は省庁、国際機関の統計情報を見ている

私が情報収集をするときにアクセスするのは、省庁か国際機関です。役所の統計情報などは、役所からメールを配信してもらうように設定しておけば、いろいろな情報を送ってもら

えます。

例えば、景気動向指数などが発表されたら、内閣府のホームページにアクセスして確認します。

国際機関の発表も直接アクセスして情報を見ています。

前述したように、私は新聞記事は読みません。ネットで1次情報をとれるのに、わざわざ新聞記事を読む必要はないからです。新聞は、1次情報を記者が読んで書いていますから、2次情報です。さらに言えば、新聞記者は自分で1次情報を解釈できないときに、官僚に説明してもらって書くことも少なくありません。2次情報どころか、3次情報です。

ネットがない時代には、

統計情報　↓　官僚の説明　↓　新聞記者の解釈　↓　記事　↓　国民

という流れでしたが、

ネット時代には、ダイレクトに

統計情報　↓　国民

ができます。

消費税に関する法案が議論されていたときに、ある編集者から取材を受けました。そのと

きに、「新聞にこう書いてあった」と言っていましたので、

「法案を読んだ?」

と聞いたら、読んでいないとのこと。

法案も読まずに、どうして法案についての記事が書けるのか、まったくわかりませんでした。では、新聞記者は法案を読んでいるのかというと、記者もほぼ読んでいません。彼らは法案を読んで解説を書いているわけではなく、役所に行って官僚に話を聞いて「聞いたこと」を書いているだけです。バイアスがかかっているに決まっています。

今は、法案には誰でも直接アクセスできます。

新法案あるいは改正法案が国会に提出されたときには、衆議院か参議院のサイトを見ればすべて出ています。その法案を所管する省庁のホームページにも、「今国会にこういう法案を出しています」という情報が出ています。両者は全く同じものですから、どちらかを読めばわかります。

自分の仕事に関係する法案が提出されているときには、新聞情報などに頼らず、直接法案を読むことをお勧めします。

この法案で、最近面白い話が報道されています。法案に誤字が多いという記事です。「法案など読んだことがない記者がよく言うな」と呆れてしまいました。法案は国会議員も読ん

でいないのに、「誤字があったら審議拒否」という発言にも唖然《あぜん》としました。立法府の国会が審議して誤字があれば修正すればいいだけです。

マスコミも国会議員も法案を読んでいないので、誤字に気がつくのは担当の役人です。正直に申告して怒られるのだから気の毒です。しかも、人の命に関わることではなく、単純なミスです。

アメリカでも法案の誤字は多いし、かくいう筆者も役人時代には誤字の経験があります。大した話でないのに、「鬼の首を取ったように」というのは、こういうことでしょう。

パワーポイントは講演と政治家への説明のときだけ

パワーポイント（パワポ）は、講演の資料を作るときと、政治家に説明するときに使っています。

講演の資料は、パワポのほうがきれいにできますから、パワポで作成しています。とはいっても、パワポに文字を打ち込むことはあまりなく、ワードで作ったものをパワポに貼り付けているだけです。

パワポに表を載せることもありますが、エクセルで表を作って貼り付けるほうが簡単ですから、エクセルの表を貼り付けています。エクセルはマス目が入っていて、表が作りやすくなっています。

パワポは、ほとんど貼り付けのみです。貼り付けるだけで、だいたいの講演資料はできあがります。

政治家に説明するときも、パワポで作った資料を使っています。

政治家の場合は、たくさんのパワポ資料を見てくれるわけではありませんから、短い資料にします。細かい文字も入れません。重要なことを大きな文字にして、わかりやすく作っています。

原稿はすべてデジタル化し検索可能にしている

私が大蔵省に入った１９８０年には、省内にはパソコンがほとんどなく、ワープロもあまり多くはありませんでした。

当時、役所の中には和文タイピストがいました。法案を清書するときには活字にしなければなりませんが、ワープロを使えない人も多く、手書きしたものを和文タイピストに打ってもらっていました。タイピストがいないと法案を提出できませんので、キャリア官僚たちがタイピストにゴマをすっているのをよく見かけました（笑）。

その当時から、私はワープロを使っていました。その後、役所の中のワープロも増え、やがてパソコンが入ってくるようになりました。

役人時代に私はペンネームで専門誌などに原稿を書いていましたが、ワープロかパソコンで書いていました。１９８０年に大蔵省に入省して以来、手書き原稿というものははじめの1～2年を除き、書いたことがありません。そういう意味では、40年くらい前からずっとデジタル仕事術でした。

ただ、昔は、こちらがワープロで書いてテキストデータで送りたくても、出版社がデジタル対応していないので、データで受け取ってもらえず、プリントアウトして郵便で送っていました（笑）。

私は当時からすべてテキストデータとして保存していましたので、入省以来自分が書いた原稿はすべてアーカイブしてあります。昔、自分が書いた文章はいつでも検索できるようになっています。

本を買うときは、Ｋｉｎｄｌｅのデジタル本が中心

私は出版社とのつきあいが多いのですが、出版社は紙へのこだわりが強く、デジタル化が進んでいない業界の一つです。

15年くらい前にある出版社にデジタル本の話をしたら、編集者たちみんなに嫌がられました（笑）。でも、今はその会社もたくさんデジタル本を出しています。むしろ、デジタル化されていない本はないくらいです。みんなが慣れてしまえば、そうなっていきます。

私は、本を買うとすれば、アマゾンのＫｉｎｄｌｅのデジタル本を中心としています。Ｋｉｎｄｌｅなら書店に行かなくても買えますし、海外の本もすぐに買えます。紙の本を買うことは、ほとんどなくなりました。

ところが、自分で書いた本だけは、出版社が献本として、紙の本を10冊くらい送ってくれます。10冊送ってもらっても、置き場所に困るので、いつも大学に持って行きます。紙の本は1冊あれば、十分です。

本当は、デジタル本の形で献本してもらうのが一番ありがたいのですが、それをしてくれ

る出版社は今のところありません。デジタルデータなら、パソコンの中で終わるので、そうしてもらいたいのですが。

「自分の本をこの人に献本したい」というときに、出版社が紙の本を送ってくれますが、相手によっては、紙の本でなくてデジタル本が欲しいという人もいます。そういう人にはデジタル本を献本してもらえるようになるといいのに、と思っています。

本の制作過程においても、ゲラ（校正紙）のチェックをするときに、「紙に赤字を入れてください」と言われると、本当に困ります。ＰＤＦで送ってもらって、ＰＤＦに修正を入れる形にしてもらうと一番楽なのですが、デジタル化に対応できていない出版社もあります。聞くところによると、手書きの原稿を書いてくる著者もまだいるそうです。

税理士に頼まずe−Taxで自分で税務申告

私は、以前は税理士に頼んで税務申告をしていました。でも、今は国税庁のｅ−Ｔａｘ申告ソフト（国税電子申告・納税システム　利用者クライアントソフト）を使っています。税理士費用はいらなくなりました。

e−Taxの申告ソフトは、少しずつ改良されて使いやすくなってきました。所得税の雑所得の欄もかなり整理されてきて入力しやすくなりました。以前のバージョンでは、毎回住所まで入力しなければなりませんでしたので大変でしたが、今は登録されている住所を使うため、住所を入力する必要がなくなりました。

e−Taxのソフトは、税法が変わると必ずきちんと直してくれています。申告書の入力さえ間違えなければ、税法の間違いはないため、安心です。税理士に頼むと税法の改正に気づいていなくて間違えることもありますが、国税庁のソフトなら、その間違いはありません。もし、国税庁のソフトで間違いがあれば、税務署はその点を考慮するはずです。

税理士に頼むより、国税庁が作ったソフトを使って申告したほうが間違いがありませんので、ソフトを使って申告しています。

最近は、多くの税理士が国税庁のソフトを使っていて、渡した書類を国税庁のソフトに入力するだけだそうです。それならば、自分でやってしまったほうが簡単ですから、税理士には頼まなくなりました。

申告のほうはデジタル化されてきましたが、ビジネス取引のほうは、まだまだデジタル化されていません。

私はテレビにも出ていますが、テレビ局は自動的に出演料を振り込んでくれるわけではありません。「請求書をください」と言われますので、毎回請求書を送っていました。紙で請求書を出すのは面倒ですから、ＰＤＦで対応してほしいと交渉を続けました。ずいぶん長い間交渉をして、多くのテレビ局でようやくＰＤＦ方式になりました。

テレビ局側から、請求書フォームのファイルを送ってもらい、そこに必要事項を入力してＰＤＦにしてデジタル署名をして、メールで送っています。ようやく、紙と印鑑を使わずに請求書を送れるようになりました。

レギュラーで出ているテレビ局はそういう対応をしてくれるようになりましたが、「請求書を郵送してください」と言われることもあります。紙の請求書に印鑑を押して郵送する形がまだ続いています。

出版社からは毎年、印税に関する源泉徴収票が送られてきます。その数字を転記して入力し、経費分を引いて申告しています。紙を見てパソコンに入力していますので、入力ミスが起こりかねません。

源泉徴収票に書いてあるのは、支払金額と源泉徴収額だけです。それを電子メールなどでデジタルデータで送ってもらえば、そのままソフトに取り込めます。源泉徴収票を電子メールで送ってほしいと思っているのですが、それをやってくれるところはありません。

出版社の人に、「これまで、著者から電子メールで源泉徴収票を送ってほしいと言われたことって、ないの？」と聞くと、「一度もありません」とのこと。執筆者たちもデジタル化できていないようです。

源泉徴収票というのはフォームがあり、各出版社はそこに数字を入力するだけです。各社がバラバラのフォームを使っているのであればともかく、どの会社もみな同じフォームを使っています。

各出版社は、パソコンで源泉徴収票のフォームにデータを入力して、プリントアウトして、郵便で著者に送っています。それを著者（あるいは税理士）がパソコンで入力し直して申告しています。デジタルを紙にプリントして、それを転記してデジタルにするという、非常にばかばかしいことが行われているのです。

役所に行かなくて済むのでマイナンバーカードはすぐに作った

役所の手続きで一番重要なことは、本人確認です。わざわざ役所に行かなければならないのは、免許証など身分証明書を見せて、本人かどうかのチェックを受けるためです。役所としては、申請書の提出自体は、ネット経由だろうが、郵送だろうが何でもいいのですが、本人確認だけは窓口に来てもらって、身分証明書を見せてもらわないとできませんでした。その本人確認の部分が、ＩＣチップの入ったマイナンバーカードとパスワードでできるようになりました。

本人確認さえできれば、役所としても、住民に来てもらわないほうがありがたいくらいでしょう。役所で申請書類を手書きしてもらい、職員がそれを入力するよりも、電子的にやってもらったほうがはるかに簡単ですし、ミスもなくなります。

マイナンバーカードを持たない人の中には、食わず嫌いの人もけっこう多いのではないかと思いますが、私は作っても困ることはないので、すぐに作りました。

今は、マイナンバーカードを使って、ネット経由で納税証明もとれます。住民票や印鑑証明も、マイナンバーカードがあれば、コンビニの端末で交付してくれます。役所に行く必要はなくなりました。

以前は、住民票を取りに役所に出かけていくと、役所が混んでいたりして半日仕事になってしまいましたが、コンビニで入手できるようになって数分で済むようになりました。

あとは、銀行の振り込み・引き出しのように、政府や自治体とのお金のやりとりが双方向でできるようになれば、税金の納付だけでなく、補助金や給付金の申請・給付もネットで簡単にできるようになります。

現金を使うことはほとんどなくなった

最近は、現金を使うことはほとんどなくなりました。

私の場合、買い物をするのはコンビニくらいですが、スマホに入れてある電子マネーで支払いをしています。

映画館などでドリンクを買うときも、スマホかアップルウォッチで支払いをしています。電子マネーが使えないところでも、クレジットカードが使えるところはけっこうありますので、現金がなくてもほぼ大丈夫です。

まったく現金を持っていないと困るときもありますから、財布の中に千円札で1万数千円くらいは入れてありますが、小銭は持ちたくないので、小銭入れは持ち歩いていません。

基本的に現金を使いませんので、銀行のATMを利用することもほぼありません。先日あるテレビ番組で言ったのですが、コンビニなど日本の銀行のATM手数料は高いですから、現金を使わないようにしたほうがいいと思っています。たまに、講演に行ったときに、講演料や車代を現金で渡されることがあります。そのときに、近くのコンビニのＡＴＭ、あるいは、銀行や郵便局のＡＴＭを見つけて入金するだけです。入金したら、もうおしまい。

銀行の通帳も使っていません。アメリカに留学しているときに、通帳がなくてもまったく困らないことを実感しました。アメリカの銀行にはそもそも通帳という概念がありません。アメリカの銀行は、毎月、ファイナンシャル・ステートメントを送ってくれますので、それを見ると、すべての記録がわかります。クレジットカードの引き落としも記載されています。心当たりのない引き落としがあった場合は、銀行に電話をして確認すれば済みます。日本でも、シティバンクなどを利用している人は、通帳がないことを知っているだろうと思います。

今は、オンラインバンキングを使っていれば、入出金記録はオンラインで確認できますので、通帳もファイナンシャル・ステートメントも必要なくなりました。

仕事そのものをシンプル化してきた

私は、大蔵官僚、財務官僚時代にいろいろな上司を見てきましたが、仕事のできる上司は、あっという間に書類を見てくれました。会議の前に数枚の資料を渡すと、パラパラと見て「はい、いいよ」と会議が始まる前に承認してくれました。

もちろん、私は見てすぐにわかるような資料を作って上司のところに持って行きました。ロジックがはっきりしていて、簡潔な資料であれば、見る人が見れば、すぐに理解できます。会議が始まる前に承認されていますので、会議もすぐに終わりました。その上司は、どんどん昇進していきました。

その反対に、会議がやたらと長い上司もいました。3時間も会議をするのです。3時間も集中力が続くはずがなく、途中で休憩したりします。無駄な会議だなと考えていました。「この人は、出世しないだろうな」と思っていたら、やはり出世しませんでした。

私が総理に説明するときも、非常にシンプルです。1枚の紙に数行、大きな文字で書いたものを持って行って説明するだけ。総理は分刻みで動いているため、5~15分くらいしか時間はありません。長々と説明していたら説明しきれません。1つか、2つのことを簡潔に伝えるだけです。

総理の仕事は、細かい内容を知ることではなく、「この件について知りたいときには誰に聞けばいいか」を把握することです。「これについては、この人が詳しそうだ。この人に聞けばわかるな」と思ってもらえれば、それでいいのです。長々と説明することは、総理にとってかえって迷惑です。

分厚い資料を官邸に持って行って説明しようとした官僚を見たことがあります。「きっと、この人はもう官邸には呼んでもらえないだろうな」と思っていましたが、案の定《じょう》、その人が官邸に呼ばれることは二度とありませんでした。

小泉総理は、資料などまったく見ない人でした。黙って目を閉じて話を聞いているだけ。私は図々しくも、「寝ているんですか」と聞いたら、「寝てないよ」と言っていました。目を閉じて話を聞いていると、話がストーンと落ちるときがあるそうです。そうやって、小泉総理は決断をしていました。

安倍総理は、小泉総理と違い、資料をしっかりと読んでくれて、じっくりと話を聞いてくれる人でした。1回目の総理を辞めて、野党に転落して時間のあるときには話し込むこともありましたが、再び総理になってからは、手短にしました。官邸に呼ばれて話しに行ったときも、時間をとらせるわけにはいきませんから、説明はともかく簡潔にすることを心がけていました。

菅総理は、書類を読むのがメチャメチャ速い人です。あっという間に資料を読んで理解してしまいます。資料を1から説明しようとする官僚は相手にしてもらえません。

長文の資料を作って、上司に長々と説明する人は、おそらく相手の立場を考えていない人です。資料はできるかぎり短く、多くても数枚にし、説明する時間も最小にする。私はそうしてきました。

非効率な仕事術をしている人は、デジタル化してもおそらく非効率のままです。最先端のデジタル・ツールを駆使して、上司に読んでもらえない長々とした資料を作っているのでは意味がありません。普段から効率的にシンプルに仕事をしている人が、デジタル仕事術を生かすことができる人だと思います。

パソコン作りは趣味、次から次へと作りたくなる

デジタル仕事術とは直接関係ありませんが、余談として、私のメカ、ガジェットおたくぶりをご紹介します（笑）。

私のパソコンはマックとノート以外は、全部、自作です。

パソコンというのは、とても簡単な仕組みでできています。マザーボードというものがあり、そこにＣＰＵを付けて、メモリーを付けて、ハードディスクを付ければ、ほぼ出来上がり。あとは、電源ユニットを付ければパソコンは完成します。20分もあればパソコンは作れます。

ＣＰＵは熱を持ちますので、冷却用のファンを付けないと熱暴走を起こしてしまいます。ＣＰＵを冷やすためのファンは付けています。ハードディスクは、ソリッドステートドライブ（ＳＳＤ）を使っています。

グラフィックにこだわる場合は、グラフィックカードが必要になりますが、最近のＣＰＵにはグラフィック機能が内蔵されていますから、グラフィックにこだ

著者の仕事部屋。10 数台のパソコン、iPad、ノートパソコンなどがズラリと並んでいる

わらなければグラフィックカードは不要です。

パソコンの組み立て自体はとても簡単ですから、自分で作ってしまえば、自分好みのパソコンにすることができます。メーカー製のパソコンを買ってくると、「帯に短し、たすきに長し」の状態。すべて自分の求めるスペックで作りたいので、デスクトップパソコンは、メーカー製のものは買ったことがありません。

自分で作ると、調子が悪くなったり、壊れたりしたときに音や動作が違うので、すぐにわかります。調子が悪くなってきたら、修理をしたり、部品を取り替えたりします。

知り合いの人から「パソコンの調子が悪くなった」と相談されて、修理してあげたことも何度もあります。よほど珍しい故障でなければ、だいたいの不具合は直せます。

パソコン作りは、趣味と言えば趣味。20分くらいでできてしまうので、1個作ると、すぐに次のパソコンを作りたくなってしまいます（笑）。

今は、インテルではなくＡＭＤのＲｙｚｅｎというプロセッサーが隆盛です。Ｒｙｚｅｎのパソコンを含めて、常にその時代の最速のパソコンを作っておきたいと思っています。

私は動画編集をあまりしていませんが、動画編集をするのなら私の自作パソコンを使えば、あっという間にできてしまいます。

シューティングゲームをやるときにも、画像がとても快適に動きます。ただ、今はもう反射神経が鈍くなくなって、シューティングゲームをやっていません。反射神経を使わない『ポケモンGO』や『あつ森』などをスマホなどでゆるゆると楽しんでいます（笑）。

家の中にパソコンがたくさんあるので、離れたところにあるパソコンは、遠隔操作できるようにしています。自分でプログラミングをして、カラフルな色が表示されるようにしたりして遊んでいます。

「こんなパソコン見たことない」と言われますが（笑）、もちろん、そのはず。全部自作ですから、どこにも売っていません。

アップルの製品が大好きで、お店を開けるくらい

私は、アップルの製品が大好きなので、いろいろなものを持っています。マック、ｉＰｈｏｎｅ、ｉＰａｄ、アップルウォッチ、アップルＴＶなど。ＡｉｒＰｏｄｓも持っています。新幹線で自分のユーチューブを確認するときに、周りに音が漏れると困るので、イヤホン型の小さいＡｉｒＰｏｄｓを使っています。第２章で少し書きましたが、ｉＰｈｏｎｅは初代から全バージョン持っています。

アップルの製品で持っていないのは、ＨｏｍｅＰｏｄ、ｉＰｏｄタッチ。これらは使わないので持っていません。

できれば自分でｉＰｈｏｎｅを作りたいくらいですが、いくら何でもそれは無理（笑）。ただ、ｉＰｈｏｎｅを分解したことは何度もあります。ｉＰｈｏｎｅは特殊なネジを使っているので、特別なドライバーを買ってきて、分解しています。

全部を分解しないまでも、少し機種が古くなったｉＰｈｏｎｅのバッテリーは、すべて自分で取り替えています。それらのｉＰｈｏｎｅは、ユーチューブや講義の自撮り用として使っています。

ｉＰａｄはあまり使っていませんが、ノートパソコンを持って行かざるを得ないようなときに、ノートパソコンの代わりにｉＰａｄを持って行きます。

アップルウォッチは、心拍数など健康データを記録しておいてくれますから、健康管理にはいいのかなと思っています。使いこなしているわけではありませんので、はっきりとしたことはわかりませんが、健康データを記録していて、健康上の異常があれば知らせてくれるようです。

アップルウォッチはメールも電話もできますが、小さいのでメールはかなりやりにくいです。ショートメッセージの受信程度であればいいですが。ｉＰｈｏｎｅを２台も持ち歩いているのに、わざわざ小さいほうでやる必要もないですから、アップルウォッチで電話やメールをすることはありません。ｉＰｈｏｎｅと一体になっているから使っているという感じです。

アップルの製品が家の中に山ほどありますので、お店を開けるくらいです（笑）。

第4章

習うより慣れろ！エクセルで実際にグラフを描いてみよう

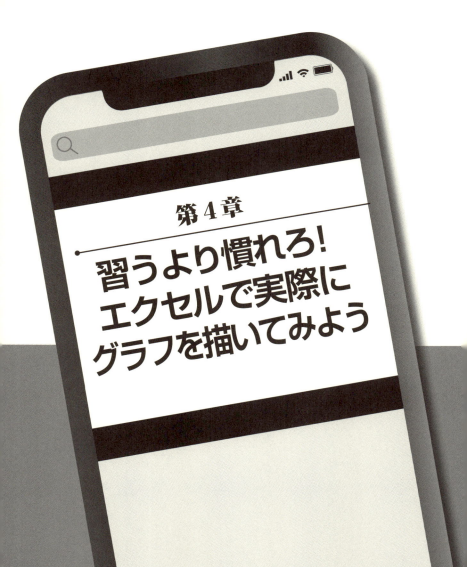

データ分析とグラフは、「習うより慣れろ」

〈演習1〉通貨増加率とインフレ率の散布図
〈演習2〉人口増加率とGDPの散布図
〈演習3〉人口増加率と1人当たりGDPの散布図

本章では、データ分析のエッセンスについて知ってもらうために、グラフの描き方を示したいと思います。データとグラフを自在に扱えるようになれば、仕事の質は格段に上がります。

私からのシンプルなアドバイスは、「習うより慣れろ」。

自分で描いてみるのが一番勉強になりますから、ともかく描いてみましょう。ソフトは、マイクロソフトのエクセルを使うことにします。

ここでは私が大学の授業で出している課題を演習素材にします。

私は学生に、半期に3枚くらいはグラフを描かせて、提出させています。初めは戸惑っていて、グラフをまったく描けない学生もいます。でも1年も経つと、みんなきちんとグラフを描けるようになります。要するに、慣れてくればできるのです。

学生向けの課題ですから、社会人には物足りないかもしれませんが、社会人でも案外グラフを描けない人はいます。

自分でグラフを描けるようになると、そこから読み取れる情報もたくさんあることがわかりますから、まずは、〈演習1〉にチャレンジしてみてください。

外国のサイトからデータを取得してもらいますので、データを取得するのに最初はちょっと戸惑うかもしれませんが、その時間を合わせても、1時間もあればできるのではないかと思います。

グラフ課題を出したときに、私は学生にはこう言っています。

「自分でできないと思ったら、できる人に聞いてもいいですよ。できる人に聞くのも処世術だからね」

できる人に聞いたり、できる人に任せたりするのも大切な処世術です。学生にはそういうことも学んでもらいたいと思っています。

ただし、こうも付け加えています。

「だけど、人生って不思議なもので、肝心なときに、一番頼れる人がたまたま周りにいないってこともあるからね。だから、自分の能力を高めておくことは、もちろん大事だよ」と。

読者のみなさんも、できる人に聞いてもらっていいですから、ともかくやってみてください。自分でやってみると、いろいろなことに気づくはずです。

〈演習1〉
通貨増加率とインフレ率の散布図

世界各国の通貨増加率とインフレ率の散布図を作る

1．世界銀行のサイトでエクセルデータをダウンロードする
2．各国（地域）ごとに2000-2009年の平均をとる
3．通貨増加率とインフレ率の両方のデータのある国だけにする
4，散布図を作る
https://data.worldbank.org/indicator

① Financial sector の Broad money growth (annual %)をクリックして、DOWNLOAD DATA をクリックして、エクセルデータをデスクトップの上にダウンロードする。
② このファイルのData sheetを開いて、各国ごとに、2000-2009年の平均をとる。
=average(:)で計算できる。
③ このファイルの新しいシートに、各国の名前が書いているある行をコピー＆ペーストする
次の行に、2000-2009年の平均が書かれている行をコピー＆ペーストする。このとき、ペーストは、右クリックして、形式を選択して貼り付けを選び、その中で、数値としてペーストする。 その行の一番上のところには、2000-2009money と記入する。
④ Financial sector の Inflation, consumer prices(annual %)をクリックして、DOWNLOAD DATA をクリックして、エクセルデータをデスクトップの上にダウンロードする。
⑤ ②と同様に行う。
⑥ ③と同様に行う。2000-2009money のかわりに2000-2009inflationとする。
⑦ 新規のエクセルファイルを作る。そこに、③のcountry と2000-2009money の二つの行をコピー＆ペーストする。そのとなりに、⑥のcountry と2000-2009infaltion の二つの行をコピー＆ペーストする。
⑧ どちらかのデータのない国、またはどちらかのデータが１００以上の国は削除する。
⑨ 挿入のグラフで散布図を描く。
⑩ **課題として提出すべきエクセルファイルは、⑦で散布図が含まれているものとする。**
⑪ 散布図に近似線を入れる。**近似線は線形近似とし、グラフに数式とR－２乗値を表示する。**これは「近似曲線のオプション」の項でチェックして行う。

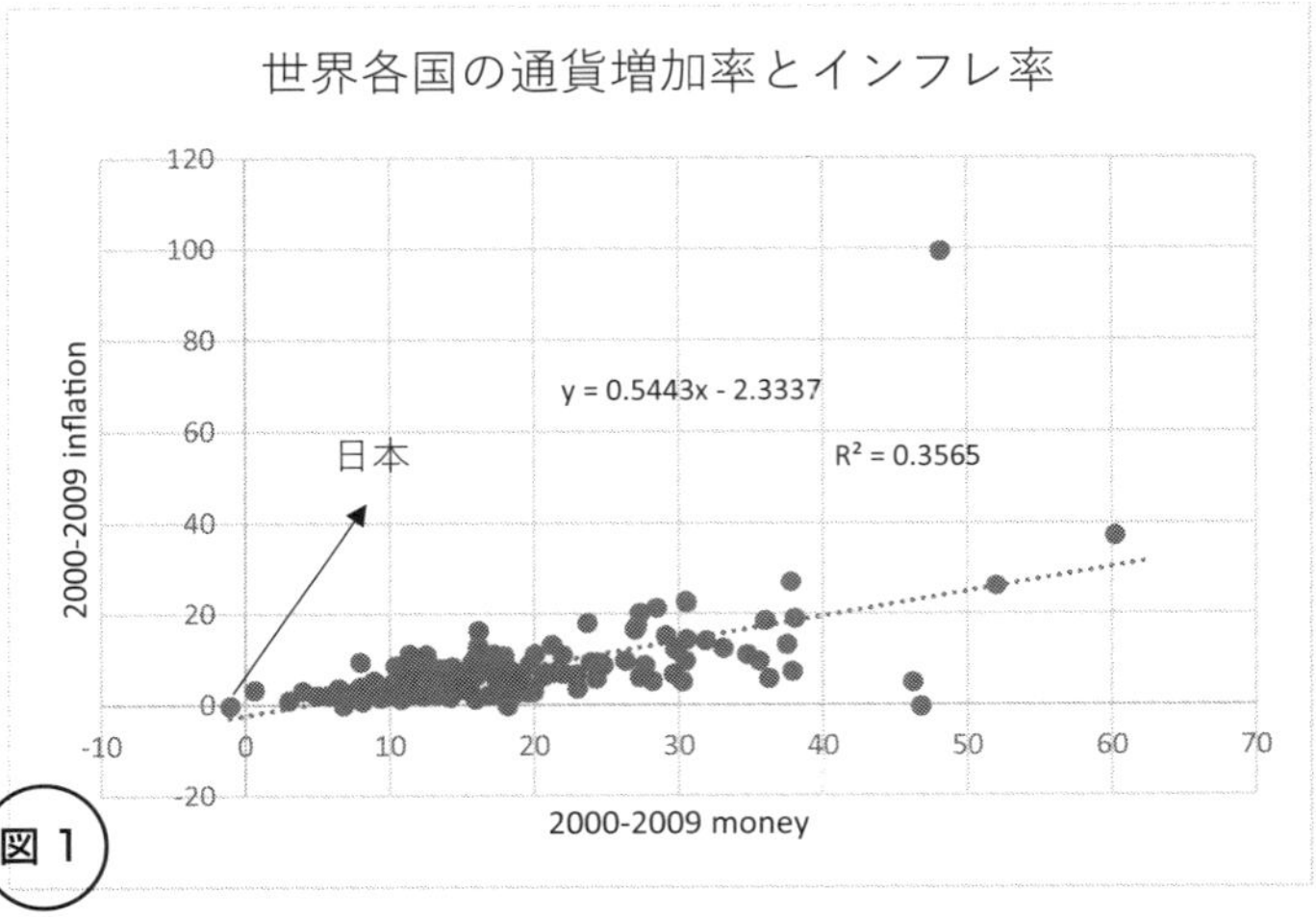
世界各国の通貨増加率とインフレ率
120
100
80
60
40
20
0
-20
-10
0
10
20
30
40
50
60
70
2000-2009 inflation
2000-2009 money
y = 0.5443x - 2.3337
R² = 0.3565
日本

図1

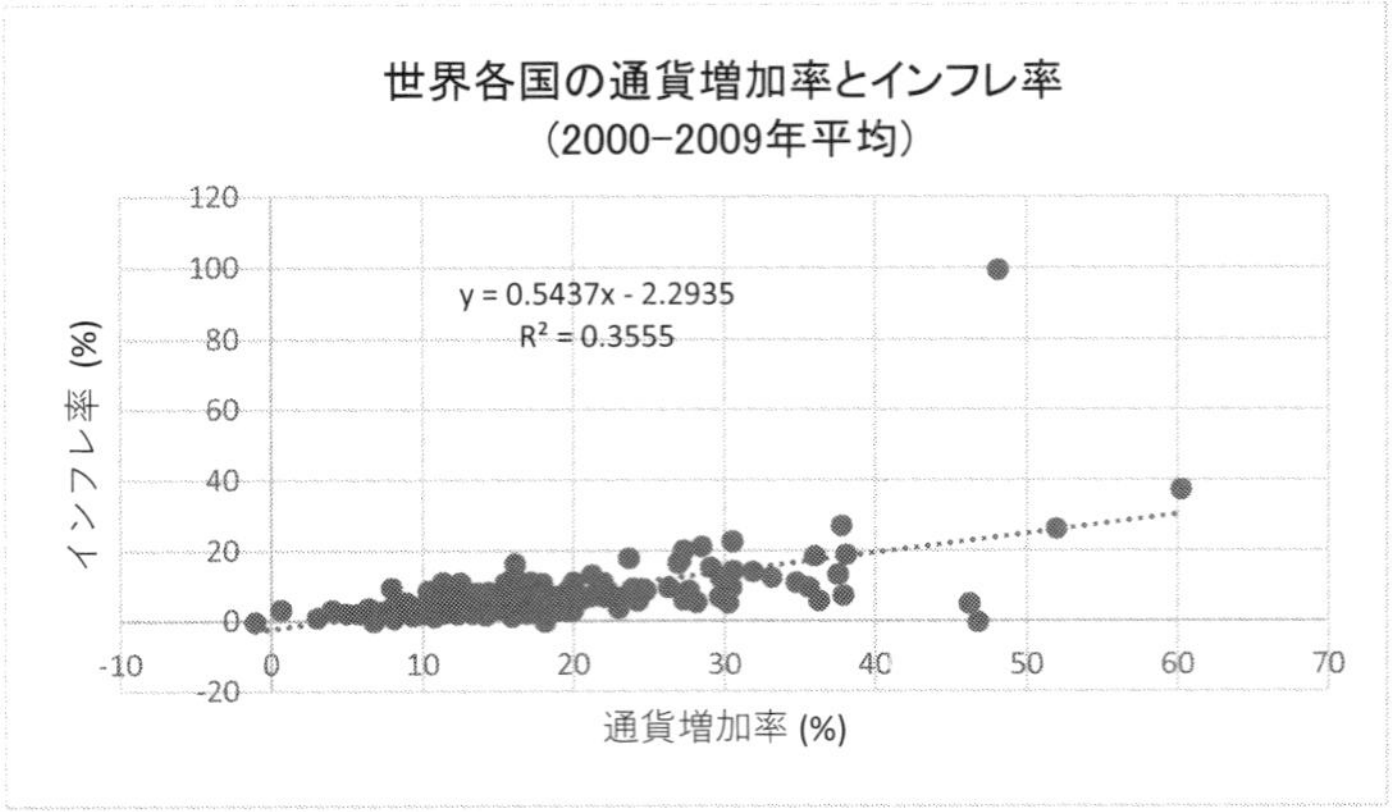
世界各国の通貨増加率とインフレ率
(2000-2009年平均)
120
100
80
60
40
20
0
-20
-10
0
10
20
30
40
50
60
70
y = 0.5437x - 2.2935
R² = 0.3555
インフレ率 (%)
通貨増加率 (%)

図2

世界各国の通貨増加率とインフレ率

Excel散布図の作り方

1 データの範囲を指定

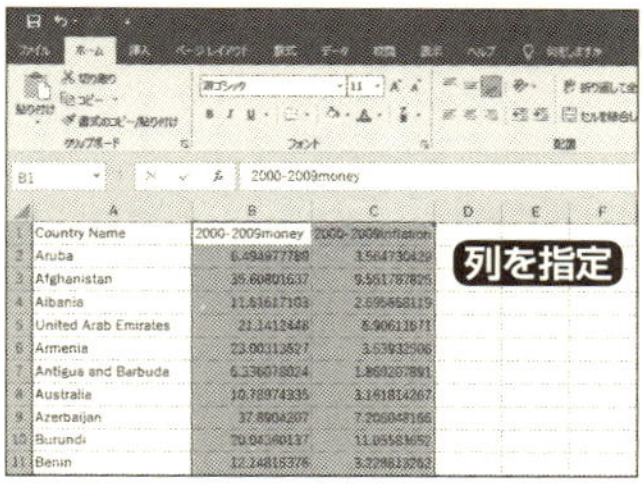

散布図に反映するデータの範囲を指定します。B列が各国通貨増加率、C列が各国インフレ率です。

2 挿入タブでグラフを選択

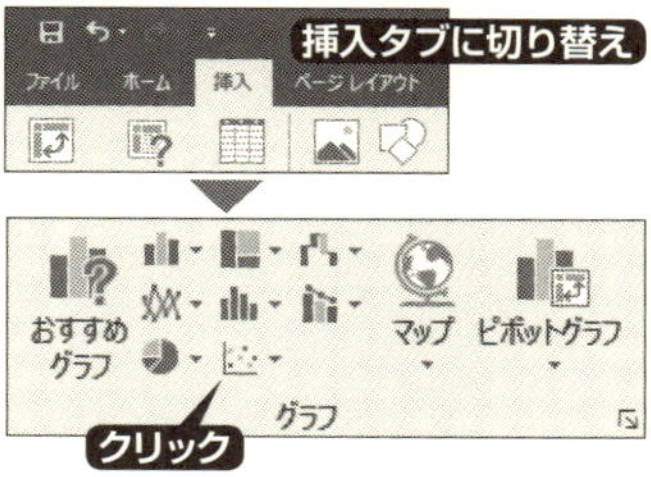

タブを「挿入」に切り替え、グラフグループから「散布図またはバブルチャートの挿入」を選択します。

3 散布図のグラフ要素設定

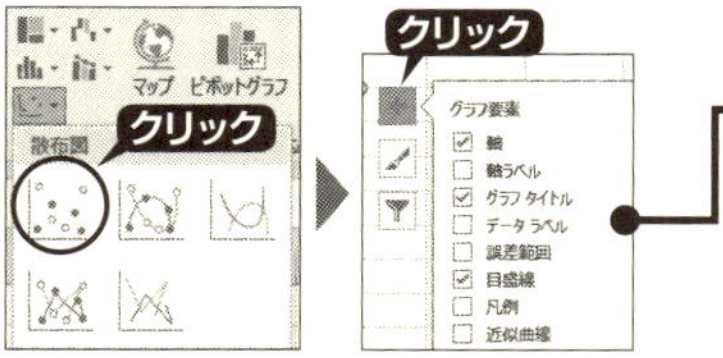

一覧から「散布図」を選択すると基本の散布図が表示されます。グラフ要素アイコンをクリックしましょう。

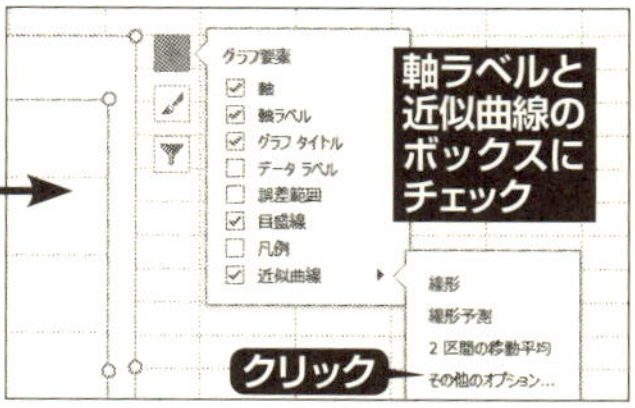

グラフ要素で「軸ラベル」「近似曲線」のボックスにチェックを入れます。さらに近似曲線のサブメニューから「その他のオプション」を選択。

4 数式を表示させて調整

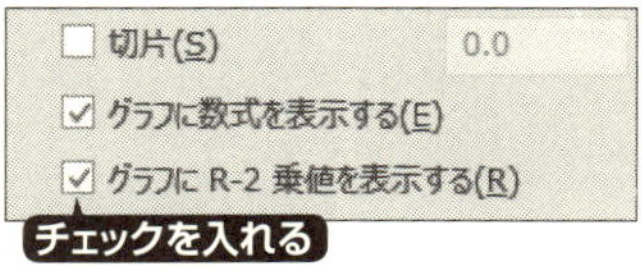

「近似曲線の書式設定」で「グラフに数式を表示する」「グラフにR-2乗値を表示する」にチェックを入れます。最後に体裁を整えて完成です。

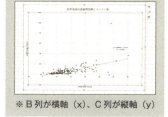

完成グラフ

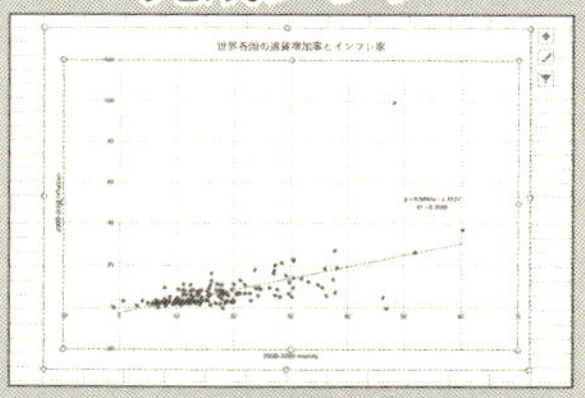

※B列が横軸（x）、C列が縦軸（y）

解説

グラフを描けましたか?

「散布図」というのは、２つの要素の関係を示す図です。今回の散布図は、ｘ軸（ヨコ軸）に「通貨増加率（２０００年～２００９年の平均　％）」、ｙ軸（タテ軸）に「インフレ率（２０００年～２００９年の平均　％）」をとり、両者の関係を点で表す図です。散布図は相関図とも言います。

「はじめに」で書きましたが、この演習は事前に３人の編集者にやってもらっていました。そのうちの、及第点の人の散布図の例を挙げています（図１・図２）。

近似線（線形近似）、数式、R−2乗値を入れてもらいました。

近似線というのは、散布図の各点を一番うまく近似できる線です。最小二乗法という方法を使って直線で表したものがグラフの点線です。その直線を表す数式が、

y＝0.5443x－2.3337　（Aさんの答え・図1）
y＝0.5437x－2.2935　（Bさんの答え・図2）

です。

実は、こういうグラフを描いてもらうと、人によって小さな違いが出ます。AさんとBさんの数字も違っています。

これらの数字と完全に同じでなくてもかまいません。上の2桁くらいの数字が合っていれば、合格です。

xの係数が0・54くらい
切片が2・2　あるいは　2・3

であれば、合格。それより桁の小さい数字は気にする必要はありません。

この点線の上にすべての点が乗っていれば、すべての国で、通貨増加率とインフレ率がピタリとこの数式通りの関係を持っていることになります。ですが、近似線の点線の上に全部の点がきれいに並ぶことは、普通はありません。

もし、きれいに点線の上にすべての点が並んでいたとすると、それは、人為的に作られたウソのデータと見て間違いありません。

今回の散布図はかなりきれいに並んでいるほうです。多くの場合、後でやってもらう〈演習2〉、〈演習3〉のような散布図となり、点がかなりばらけて散布した図になります。

相関係数（R）で関係性を判断する

グラフに表記してもらったR−2乗値は、

R^2 = 0.3565　（Aさんの答え・図1）

$R^2=0.3555$ （Bさんの答え・図2）

となっています。

ルートをとったRが相関係数です。

相関係数というのは、2つの要素がどのくらいの強い関係を持っているかを示す指標です。数値は0から±1までの間で、0に近ければ無関係、±1に近ければ非常に強い関係を示しています。

相関係数の符号がプラスのときは、正の相関で、xが増えるほど、yが増える関係。符号がマイナスのときは、負の相関で、xが増えるほど、yが減っていく関係です。

〈演習1〉のR（相関係数）を計算すると、R＝±0・596。グラフの線は右肩上がりですから、正の相関。ざっくりいえば、R＝0・6です。

0・6というのは、けっこう高いほうです。経済分野の数値の中で、これだけの相関関係を示すのは、かなり珍しいことで、通貨増加率とインフレ率の関係が比較的はっきりと表れています。

近似線は、回帰線とも呼ばれますが、回帰線を描くことも重要です。

回帰線の傾きが急であるほど、意味のある傾きであることを表しています。傾きは相関係数と連動していますので、傾きがほとんどなければ、あまり相関係数が高くないことを示しています。相関係数が低いときは、両者の関係はほぼ無関係とみなします。

ただし回帰線の傾きの見え方は、縦軸と横軸の長さや目盛りの取り方にもよります。縦軸をものすごく伸ばせば急な傾きに見えてきます。相関係数の数字もきちんと見てください。

相関関係と因果関係は異なるが、推測するヒントはある

相関関係と因果関係は異なります。相関関係があるときは、「両者には関係がある」とわかるだけで、「どちらが原因でどちらが結果か」という因果関係まではわかりません。相関関係があれば、「因果関係があるかもしれない」と言えますが、相関関係がなければ、「因果関係はないだろう」と推測できます。

相関関係があるときに因果関係があるかどうかは、きちんとチェックしなければいけません。ただ、現象としては、人為的に動かせるほうが原因になっていることが多いものです。ドタ勘で考えてもらえば、「動かせるほうが、おそらく原因になっているだろう」と想像がつくのではないかと思います。

通貨増加率とインフレ率であれば、通貨増加率のほうのマネー（通貨）の量は金融政策で人為的に動かすことができます。

経済理論の中には、貨幣数量理論というものがあり、マネーの量を増やすと、インフレ率が高まることが理論化されています。これはなかなか否定しづらい理論です。正確に言えば、先に貨幣数量理論があったわけではなく、〈演習1〉で見たようなデータで裏打ちされて理論ができています。データで裏打ちされていない理論であれば、空理空論になってしまいます。

さて、グラフの中で、日本がどこにあるか見てください。

日本は、一番左の点。マネーをまったく増やしていないことがわかります。増やしていないどころか、マイナスです。「日本がどうしてデフレだったのか」という答えは、このグラフで簡単に説明できます。「マネーの増やし方が世界最低だったから」。

あれこれ文章で説明しなくても、グラフを見れば一目瞭然。たった1枚のグラフのほうが何万字の文章よりもはるかに説得力があります。

データが揃っていない国はどうする？

ところで、世界銀行の元データを見て、何か気づいたことはありましたか。

２０００年～２００９年の平均値を出してもらいましたが、国によっては全部のデータが揃《そろ》っていないものもあります。１年分のデータしかないという国も。

そういう国を入れるか、入れないかで、結果が少し違ってきます。10年分揃っている国だけ計算に入れる人、７年分以上揃っていれば計算に入れる人など、いろいろな考え方があります。

データが揃っていない国を除外しても除外しなくても、１５０カ国以上のデータがありますから、全体の結果にはそれほど影響は出ません。

例示したAさんとBさんの近似式の数字が違うのも、計算に入れている国数が1カ国違うからです。Aさんは１５５カ国、Bさんは１５６カ国を使って計算しています。

それでも、近似式の上のほうの桁の数字はほぼ同じです。私は、上から2桁目くらいまでの数字が同じであれば、合格としています。

数式を作れば、物事を数量的に捉えることができる

グラフには、数式（回帰式）を表示してもらいました。

数式のパラメーターの数字を丸めると、

$$y = 0.5x - 2$$

となります。

この式から、どのくらいマネーを増やすと、どのくらいのインフレ率になるかを概算できます。

例えば、インフレ率2％にするためのマネー量を計算するときには、y＝2と置いて計算します。x＝8になることはすぐにわかるはずです。

つまり、「マネーを8％くらい増やすと、インフレ率は2％くらいになりそうだ」と、数量的に計算ができるわけです。厳密な数字ではありませんが、マネーをある程度増やさなけ

ればいけないことだけははっきりとわかります。

元データを見ると、この時期（2000年〜2009年）に、アメリカはマネーを7・3%増やして、インフレ率は2・6%。イギリスはマネーを10・6%増やして、インフレ率は1・9%です。両国とも8%くらいマネーを増やすことによって、2%くらいのインフレ率となっています。

データをもとにグラフや数式を作れる人は、「世界のデータから見ると、インフレ率を2%にするには、8%くらいマネーの量を増やすことが必要になる」といった表現をすることができます。私はリフレ派といわれますが、実は、こうしたデータを元に「マネーを増やすべきだ」と主張していたのです。

「リフレ派は間違っている。ジャブジャブお金を増やしてもしょうがない」と主張する人たちもいましたが、どちらの主張が説得力があるかは、〈演習1〉で作ったグラフや数式を見れば明らかです。言葉で議論しなくても、データが答えを示しています。

グラフから、文章を書いてみよう

〈演習1〉のグラフは、何の変哲もないグラフに思えるかもしれませんが、このグラフからいろいろなことを読み取れます。グラフに詰まっている情報量は非常に多いのです。

グラフから読み取れることを文字に起こせば、1万字でも2万字でも文章を書くことができます。こういうやり方を私はしているわけです。

データを分析してグラフや数式を作り、それを読み解けば1本の論文になります。作業を精緻《せいち》にやれば学術論文になりますし、ササッと書けば雑誌やウェブ媒体などの記事になります。私は記事を書くときには、すべて論文の作法によって書いているだけです。

試しに、この1枚のグラフから文章を書いてみてください。書こうと思えばいくらでも文章を書けることが実感できるだろうと思います。

第3章で、論文というのは、問題に対して答えを書く作業であることを述べました。書き方としては、問題と答えを書いていくだけです。

例えば、

「Q　デフレを脱却するには、どうしたらいい？」

「A　マネーを増やせばいい」

「Q　インフレ率2％にするには、どのくらい増やせばいい？」

「A　8％くらい増やせばいい」
「Q　日本はなぜデフレが続いたのか？」
「A　マネーを増やさなかったから」

これらを、グラフと数式を示しながら書いていけばいいのです。これがデータ分析を使った仕事術です。

マスコミの人の多くは、こういった分析ができません。「マネーをジャブジャブにしても、デフレ解消にはならない」などと数値の裏付けのないことを、テキトーな表現で語ります。これでは説得力がありません。

説得力を持たせるには、裏付けとなるデータと分析が必要です。

このグラフを応用すれば、いろいろな記事を書ける

私は、このグラフを少し変えたグラフを作り、『現代ビジネス』に記事を書きました。「賃金の伸びが低すぎる…メディアや日銀が理解していない『日本のヤバい現実』」（2021年3月15日付け）という記事です。

その中で、各国のマネー伸び率と名目ＧＤＰ伸び率の「１９６１年～１９８９年の30年間の平均」と「１９９０年～２０１９年の30年間の平均」を比較しています。〈演習１〉と同じやり方で作ったグラフです。

そこから読み取れるのは、日本の位置づけです。

１９６１年～１９８９年の30年間のグラフでは、日本のマネー伸び率はそこそこ。データが入手できる１１３カ国中、大きいほうから数えて46位と、平均的なところです。その間《かん》は、名目ＧＤＰも伸びていました。

ところが、１９９０年～２０１９年の30年間では、日本のマネー伸び率は、１４８カ国中最下位。その結果、名目ＧＤＰの伸び率も最下位です。

これらのことを文字に起こして、『現代ビジネス』の記事を書きました。

〈演習２〉
人口増加率とＧＤＰの散布図

世界各国の人口増加率と経済成長率の散布図を作る

１．世界銀行のサイトでエクセルデータをダウンロードする
２．各国ごとに 2000-2008 年の平均をとる
３．人口増加率と経済成長率の両方のデータのある国だけにする
４，散布図を作る
http://data.worldbank.org/indicator

①Health の　Population growth(annual %)をクリックして、DOWNLOAD DATA をクリックして、EXCEL FILE をデスクトップの上にダウンロードする。
ファイル名は、population-growth-annual-percentage_en.xls
②このファイルを開いて、各国ごとに、2000-2008 年の平均をとる。
=average(　:　)で計算できる。
③このファイルの新しいシートに、各国の名前が書いているある行をコピー＆ペーストする
次の行に、2000-2008 年の平均が書かれている行をコピー＆ペーストする。このとき、ペーストは、右クリックして、形式を選択して貼り付けを選び、その中で、数値としてペーストする。 その行の一番上のところには、2000-2008population と記入する。
④Economic Policy and External Debt の GDP growth(annual %)をクリックして、DOWNLOAD DATA をクリックして、EXCEL FILE をデスクトップの上にダウンロードする。
ファイル名は、gdp-growth-annual-percentage_en.xls
⑤　②と同様に行う。
⑥　③と同様に行う。
⑦　新規のエクセルファイルを作る。そこに、③の country と 2000-2008population の二つの行をコピー＆ペーストする。そのとなりに、⑥の country と 2000-2008gdp の二つの行をコピー＆ペーストする。
⑧　③の country と⑥の country は一致しない。つまり、国によっては、population と gdp の二つのデータがそろっていない。これを、二つのデータがそろっているものだけにする。カット＆ペーストを上手く使って作業する。
⑨　population と gdp の二つのデータがそろっている国だけに整理できたら、挿入のグラフで散布図を描く。
⑩　課題として提出すべきエクセルファイルは、⑦で散布図が含まれているものとする。

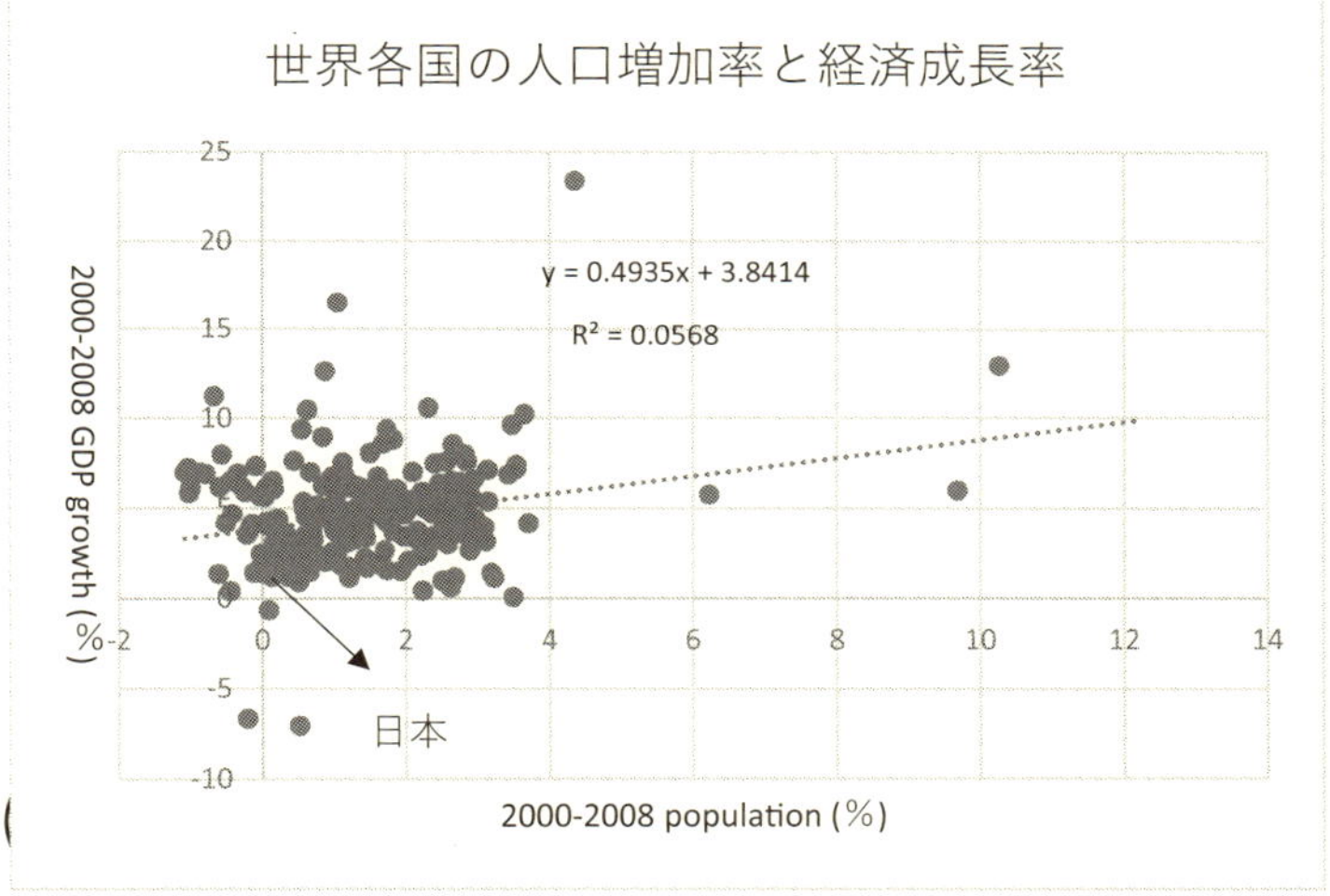
世界各国の人口増加率と経済成長率
y = 0.4935x + 3.8414
R² = 0.0568
2000-2008 GDP growth (%)
日本
2000-2008 population (%)

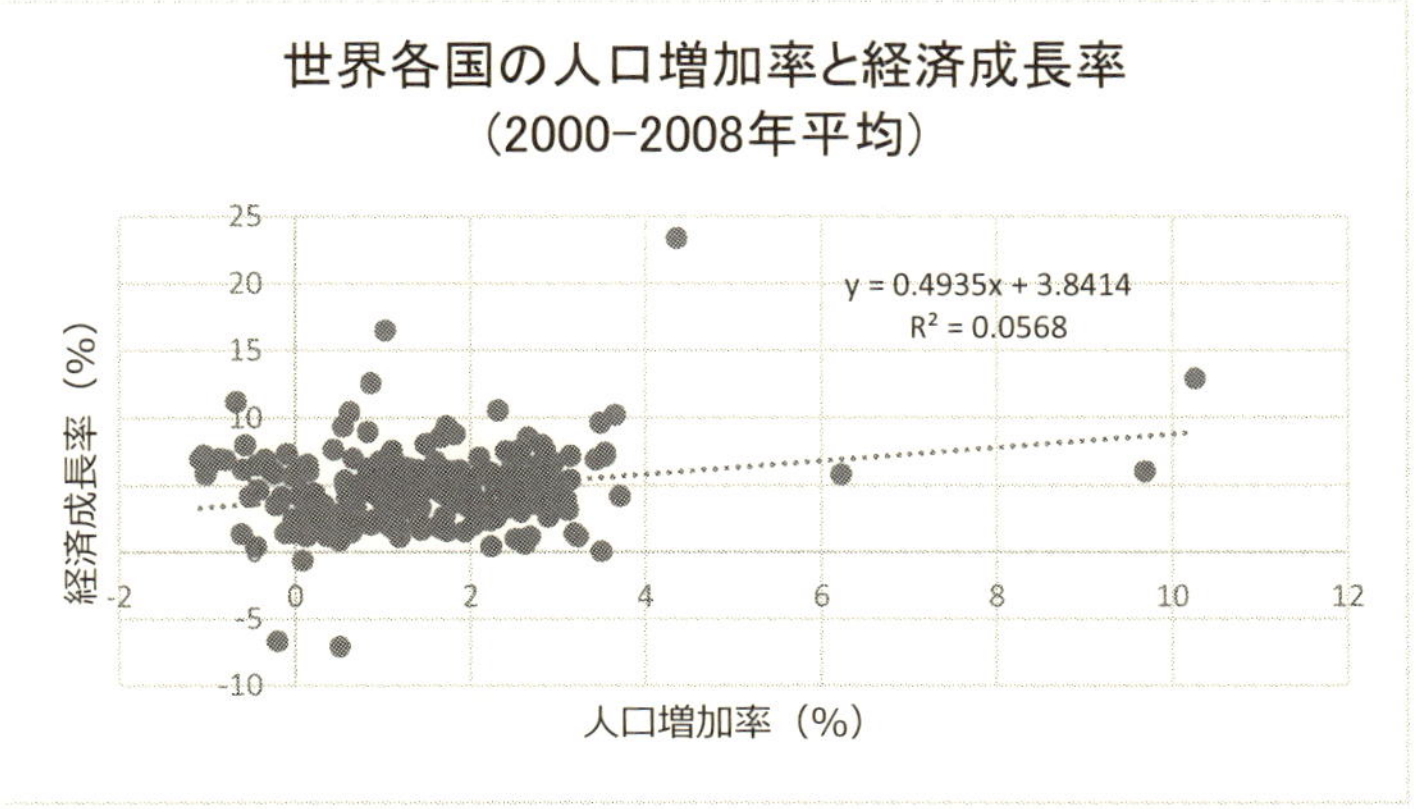
世界各国の人口増加率と経済成長率
(2000−2008年平均)
y = 0.4935x + 3.8414
R² = 0.0568
経済成長率（%）
人口増加率（%）

図４

解説

〈演習2〉は、世界各国の人口増加率と経済成長率の関係を示す散布図です。

近似線（線形）とR-2乗の値をグラフに入れて表示してみてください。

$$y = 0.4935x + 3.8414$$

$$R^2 = 0.0568$$

上のほうの2桁の数字が合っていれば、合格です。〈演習2〉は、編集者Aさん（図3）、Bさん（図4）の数字は同じになりました。

Rを計算してみると、R＝0・238。

相関係数は1に近いほど強い相関があり、0はまったく相関がないことを示しています。0に近いほうにある0・2程度の数字は、あまり相関関係がないことを表しています。近似線が右肩上がりになっていますから、「人口が増えるとGDPが増える」と思ってしまうかもしれませんが、相関係数をよく見なければいけません。相関係数が低ければ、ほとんど関係はないということです。

国のGDPは、「人口×1人当たりGDP（みんなの平均給与額）」。頭数が増えれば国全体のGDPは増えると思われがちですが、実際には、ほとんど相関していません。人口が増えたからといって、GDPが上がるわけではないことをデータが示しています。

〈演習３〉
人口増加率と１人当たりＧＤＰの散布図

人口増加率と一人当たりＧＤＰの伸び率の相関図も書いてください。

●ヒント： 実は、〈演習 2〉を少し変形すればすぐできます。

●ヒントのヒント： 一人当たりＧＤＰ＝ＧＤＰ／人口

一人当たりＧＤＰの伸び率＝ＧＤＰの伸び率 ― 人口増加率

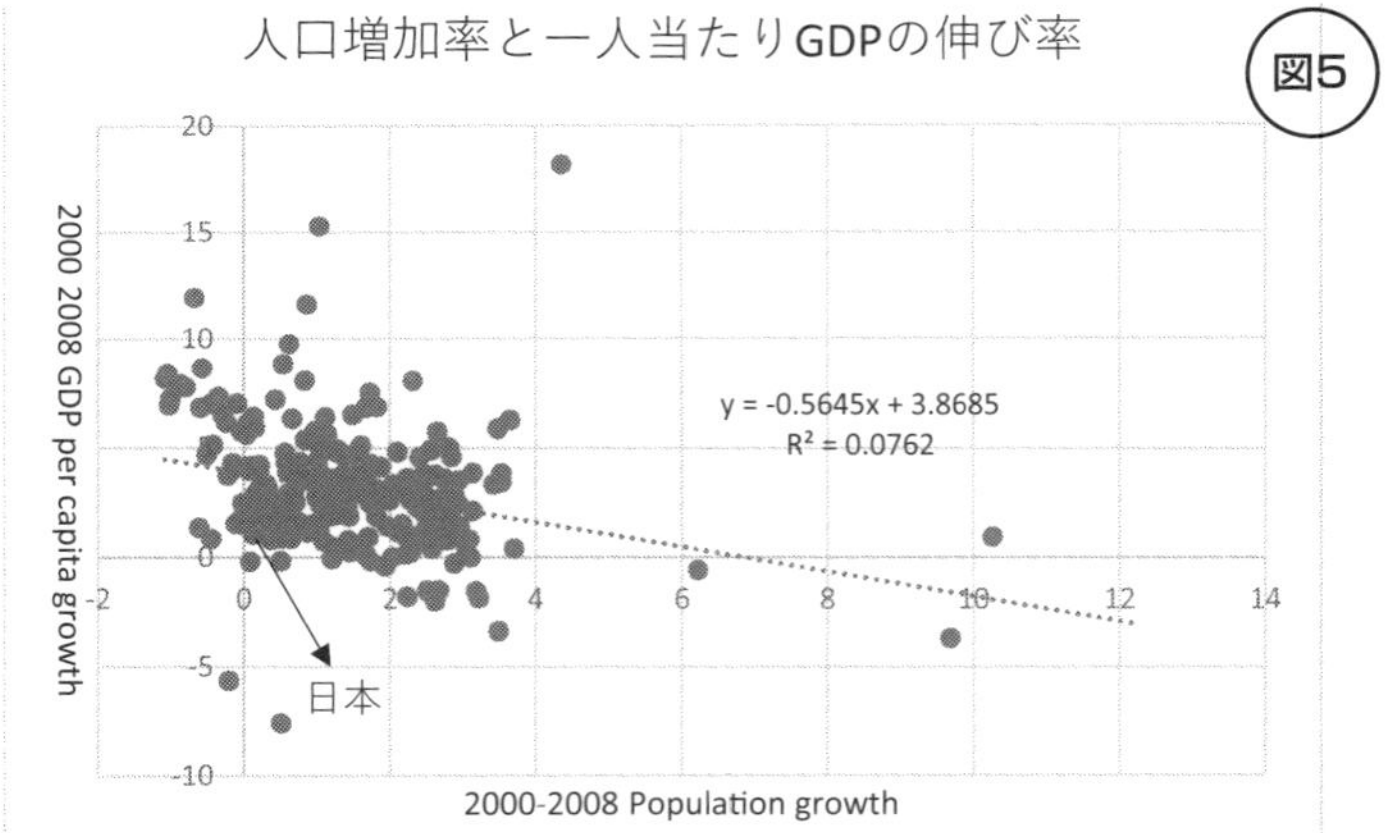

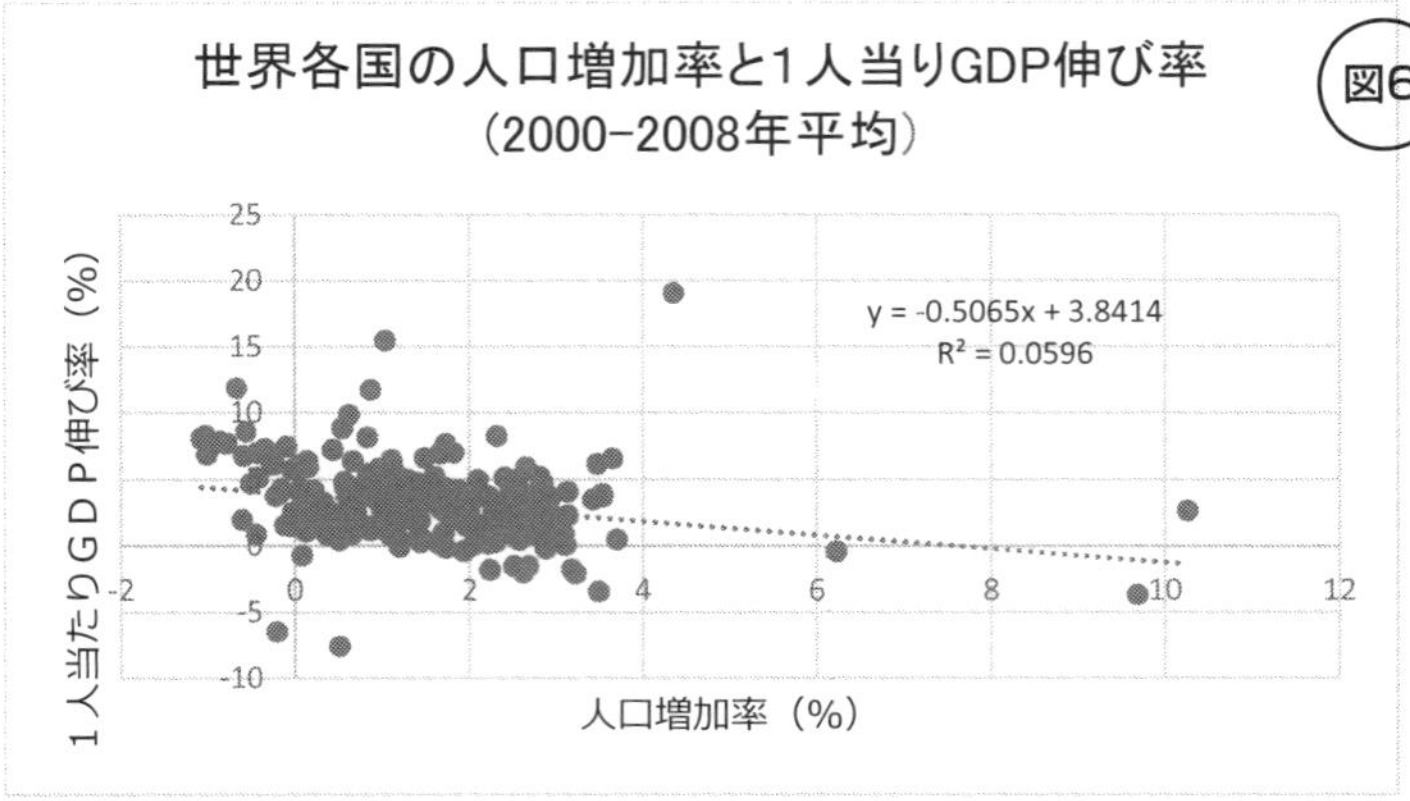

解説

〈演習3〉は、人口増加率と1人当たりGDPの伸び率の関係を示す散布図です。

このグラフにも近似線（線形）とR-2乗値を入れてみましょう。

$y = -0.5645x + 3.8685$　$R^2 = 0.0762$（Aさんの答え・図5）

$y = -0.5065x + 3.8414$　$R^2 = 0.0596$（Bさんの答え・図6）

ＡさんとＢさんの数字が違っているのは、Ａさんは世界銀行のサイトから１人あたりＧＤＰのデータをとってきてグラフ化し、Ｂさんは〈演習２〉のデータを活用して簡易計算で１人あたりＧＤＰを算出してグラフ化したためです。いずれも、上のほうの２桁くらいの数字が合っていれば、合格です。

近似線は右肩下がりで、負の相関を示していますから、Ｒを計算すると、Ｒ＝−０・２７６（Ａさん）、Ｒ＝−０・２４４（Ｂさん）です。

相関係数が０・２程度ですから、相関関係はあまりないと言えます。相関係数が０〜±０・２のときには、相関関係はほとんどありません。０・２を少し超えるくらいでも相関はあまりありません。

つまり、人口増加率は１人当たりＧＤＰ伸び率にはあまり関係がないということです。

グラフで「人口減少危機論のウソ」がすぐにわかる

一部の評論家や学者たちは、「人口減少社会になると大変だ」と言いますが、自分で相関図を描ける人は、「それって、違っているんじゃないの？」と気づくことができます。

印象論や思い込みではなく、データを元に結論を導き出すのがロジカル・シンキングです。「人口が増えれば、頭数が増えて国のGDPが伸びる。人口が減れば、頭数が減って国のGDPが下がる」と考えてしまうかもしれませんが、それは、1人当たりGDPが変わらないと思い込んでいるからです。

〈演習3〉のデータからは、人口が増えたときには、1人当たりGDPが下がる可能性があることが読み取れます。つまり、人口が増えても国全体のGDPが伸びるとは限らないということ。逆に言えば、人口が減って、頭数が減っても、国のGDPが減るとは限らないことを示しています。

私は『未来年表　人口減少危機論のウソ』（扶桑社新書）という本を書いていますが、〈演習3〉で描いてもらったのと同じようなグラフを入れています。私は、同書の中で主義主張を述べたわけではなく、データに基づいて解析しただけです。

たった1つのグラフでも、グラフには膨大なインフォメーションが詰まっています。グラフを描けない人は文章で書くしかありませんが、相手を納得させる要素が乏しいため、ダラダラと文章が続き、ますます中身が薄くなります。文章でダラダラと書くよりも、グラフを1枚示したほうがはるかに意味があります。

1カ国だけ見て考える人、多くの国を見て考える人

さて、〈演習2〉、〈演習3〉の散布図の中で、日本がどの位置にあるかを見てください。人口増加率は、0.12％ですから、ほぼゼロのところにあります。1人当たりGDP伸び率は、1.06％、GDP伸び率は1.19％。

人口を巡る議論の多くは、日本国内のことだけで議論されています。言い換えれば、グラフの1カ所の点のみを見て行われているわけです。1カ所の点を見て議論するのか、全部の点を見て議論するのかで、議論はまったく違ってきます。

散布図を描けない人の議論は、ほとんどが1カ所だけを見た議論です。

散布図を描けると、いろいろな国の中での日本の位置づけがわかりますから、知見が広がります。

「１カ国だけを見るか、いろいろな国を見るか」

そこには雲泥《うんでい》の差があります。

ネットを使えば、海外のデータを簡単に入手できる時代ですから、海外のデータも使って知見を広げてください。世界各国のデータを入手できるのに、日本という１カ国しか見ないのは、もったいないと思います。

自分独自のグラフを作ってみると面白くなる

〈演習２〉、〈演習３〉のグラフで、たくさんのことを説明できますが、他にもいろいろなグラフを描けます。先進国と途上国に分けてグラフ化してもいいですし、北アメリカ、南アメリカ、アジア、ヨーロッパなど、地域別に分けることもできます。分けて分析してみると、面白い発見があるかもしれません。

世界銀行のサイトには、たくさんのデータがあることに気がついただろうと思います。様々なデータが並んでいて、ネタの宝庫です。その中には、識字率（Literacy rate）のデータもあります。

識字率とGDPの関係をグラフで調べてみるなど、経済成長の要因をいろいろと探してみてください。

実は、経済成長の要因を探すのは、かなり難しいことです。私もいろいろ分析してみましたが、しっくりくるものはほとんどありませんでした。もし、経済成長の要因が突き止められていれば、世界中の政府はそれを取り入れて成長していきます。それがわからないから、経済運営は難しいのです。

〈演習2〉、〈演習3〉で、経済成長の要因が人口の増減ではないことはわかったはずです。経済成長の要因は、まだ誰も決定的な答えを見つけていないため、「オープン・プロブレム」と呼ばれています。もし答えを見つけたら、すごい発見です。〈演習2〉、〈演習3〉のやり方で調べられますから、いろいろとトライしてみてください。

対数の考え方を使えば、「割り算」は「引き算」に置き換えられる

人口伸び率と1人当たりGDPの伸び率のグラフを作るときに、どういうやり方をしましたか。

世界銀行から、1人当たりGDP（GDP per capita growth）のデータを取ってきた人もいるでしょう。ただ、もっと簡単な方法もあります。

私は、〈演習3〉で、こういうヒントを出しました。

ヒント：実は、〈演習2〉を少し変形すればすぐできます。

ヒントのヒント：1人当たりGDP＝GDP／人口

1人当たりGDPの伸び率＝GDPの伸び率－人口増加率

これを見てビックリしたという人がいました。

「1人当たりと聞いて、『割り算』のイメージしか浮かびませんでしたが、『引き算』でできると知って驚きました」と。

実際に計算してもらうとわかりますが、世界銀行からデータを持ってこなくても、演習2のエクセルのシートを使って引き算をすれば、ほぼ同じ数字が出てきます。簡便に1人当たりGDP伸び率を計算できます。

再掲しますが、世界銀行から1人当たりGDPのデータをとってきたAさんの答えと、引き算で簡易計算したBさんの答えは、おおむね同じです。

$y = -0.5645x + 3.8685$　$R^2 = 0.0762$（Aさんの答え　世界銀行のデータ）

$y = -0.5065x + 3.8414$　$R^2 = 0.0596$（Bさんの答え　引き算による簡易計算）

実は、これは対数の話です。対数（ログ）というのを覚えているでしょうか。中学か高校で、対数を習っただろうと思います。そのとき、

log(a*b)=log(a)+log(b)

と習ったはずです。

これは、公式でも何でもなく、logの定義から出てくる基本です。xのa乗×xのb乗＝xの（a＋b）乗から出てきます。xの肩のところの指数を取り出したものがlogです。

掛け算を割り算にすれば、

log(a/b)=log(a)-log(b)

です。

もともと対数は、掛け算では計算が大変なので、掛け算を足し算に変換するために考え出されたものです。

例えば、「２の７乗」×「２の５乗」を掛け算で計算するのは大変です。そこで、肩に付いている数字をとって、「７＋５＝12」と足し算して「２の12乗」と計算します。

割り算は引き算に変換すると計算しやすくなります。

「２の７乗」÷「２の５乗」という割り算は、「７－５＝２」と引き算にして、「２の２乗」と計算できます。

対数と聞くと、難しく感じるかもしれませんが、

掛け算　→　足し算

割り算　→　引き算

とするためのツールが対数です。これは覚えるようなことではなく、対数の定義から出てくるものです。

少し難しくなりますが、自然対数を使ったlog(a)の少しの変化は、ａの伸び率になります。これを利用すると、ａ／ｂの伸び率は、ａの伸び率からｂの伸び率を引いたものになること

を導き出せます。

〈演習3〉に当てはめて言うと、例えば、GDP伸び率が3％、人口増加率が1％であれば、

1人当たりGDP伸び率（2％）＝GDPの伸び率（3％）－人口増加率（1％）

と、引き算で簡易計算できます。

その他のことにも応用できます。客単価の伸び率の計算などです。売上げ伸び率が3％、客数増加率が2％であれば、客単価伸び率は、

客単価伸び率（1％）＝売上げ伸び率（3％）－客数増加率（2％）

と引き算で簡易計算できます。

こういう役に立つ話が数学にはたくさんあります。

慣れてくると、うまく描けるようになる

学生にグラフの課題を出すと、最初からグラフを描ける学生もたまにいますが、多くの学生は、最初はうまく描けません。でも、何回も描いていくと、うまく描けるようになります。それに伴って、データ分析力も高まっていきます。

あとは、学生がそれを続けていってくれれば、やがてオリジナリティのある分析ができるようになるはずです。

社会人の人も、エクセルを使って試行錯誤することで、いろいろな面白い発見ができると思います。

グラフ作成で試行錯誤していると、疑問も出てきます。「このデータは、２００７年のデータに抜けがあるけど、分析に入れていいのだろうか」などなど。入れるのと入れないのとを計算してみてください。どうすればいいのかがわかります。

そういったことが気になるようになれば、一歩前進。それを試してやれば、一歩前進です。いろいろなことに気がつき始めて、疑問がもっと出てきます。その答えを考えていくこと

が一番の勉強になります。

次章では、グラフの作り方、読み取り方についてさらに見ていきます。演習をやった後であれば、グラフのポイントがよりわかるはずです。

第5章

データ分析を使ったデジタル仕事術グラフのコツを大公開

株価3万円を説明できないマスコミ

２０２１年2月に株価が3万円を超えたときに、マスコミでは否定的な報道が目立ちました。「バブルではないか」「過熱ではないか」「日銀がＥＴＦ（上場投資信託）の6兆円の購入枠を12兆円に増やしたからではないか」などなど。

数字やグラフを使いこなせるようになっておけば、こういう報道に惑わされずに済みます。3万円という水準がおかしな水準ではないことは、比較基準を明確にしたグラフを描いてみれば、すぐにわかります。

マスコミには、文系の記者が多いため、「比較」という考え方がほとんどありません。何を基準にして、何と比べているのか。それを明確にしないから、根拠のない思い込みの記事しか書けないのです。

日本のマスコミによく出てくるグラフは、日本の株価だけを示した1本の線のグラフです。1本しか線がないと、比較対象がありませんので、3万円という水準が高いのかどうかを評価できません。

日米株価の推移（日本：円、米：ドル）　図７

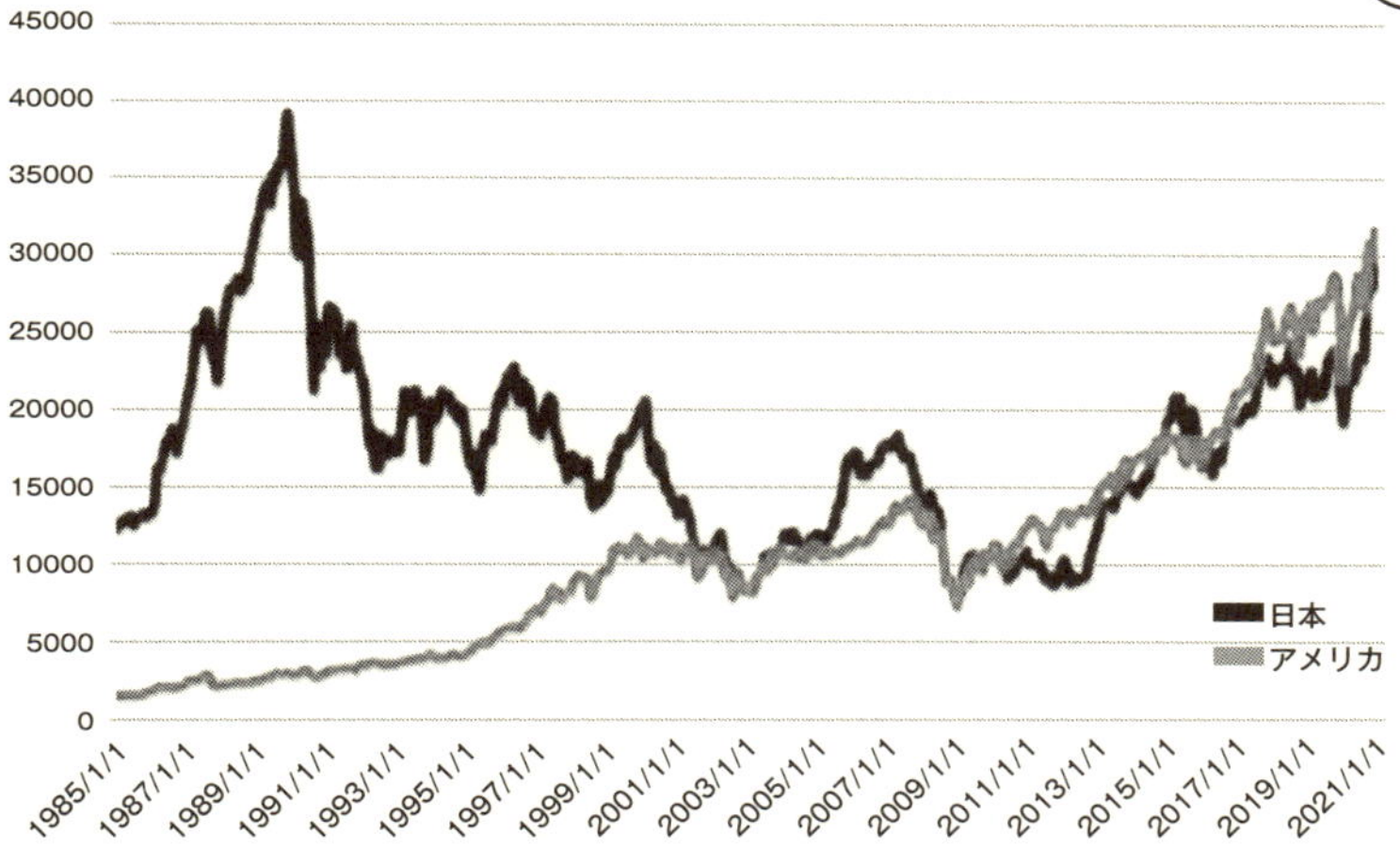

（資料）日本は日経平均、アメリカはダウ指数

ここでは、アメリカの株価と比較したグラフを作って、検討してみます。左側の目盛りは、日本の株価は「円」、アメリカの株価は「ドル」として見てください。

このグラフには、ものすごく多くの情報が詰まっていますが、グラフを見て、まず何に気がつきますか。

グラフの後半のほうは、アメリカと動きが似ていることに気がつくのではないでしょうか。２０００年の頭くらいからは、アメリカの株価の動きと日本の株価の動きはとても似ています。相関係数を出してみると、２０００年以降は０・９を超えます。社会科学の分野では、ほぼぴったりというくらいの相関係数です。

ところが、2000年以前は、日本とアメリカの株価の推移は大きく違っています。日本は1989年をピークに大きく下がり、アメリカは少しずつ上がっています。

このグラフから「1989年頃は日本の株価の動きが異常だった」と結論づけるのは早計です。このグラフは、アメリカの株価としか比較していません。他の国々の株価推移を調べて、他の国々が日本の株価と同じ動きをしているのであれば、アメリカの株価が異常な動きをしていたことになります。

1980年代~1990年代の他国の株価の動きを調べてみると、多くの国は、アメリカと似たような動きをしていました。上がり下がりはあるけれども、だんだん上がっていくというパターンです。

だとすると、日本だけがおかしな動きであったと考えられます。1980年代後半の日本の株価の動きがまともで、多くの国々の株価の動きは変だったと説明するのは無理があります。日本の動きがおかしかったと見るほうが自然です。

いろいろな国と比較してみることによって、1980年代後半の日本の株価がバブルだったとわかるわけです。日本とアメリカの2カ国を比較しただけではわかりませんので、多くの国々と比較する必要があります。

異常なことが起こっていたときには、「いずれ正常なところに収束する」と考えるのが普通の理論です。１９８０年代の異常な状態が収束したのが２０００年くらい。そこから先は、アメリカやその他の国々と同じような株価の動きをするようになりました。つまり、２０００年くらいから日本の株価は正常化したわけです。

世界の株価と同じ推移をしているのですから、日本の株価が３万円を超えたのは、バブル期のような異常な出来事でもなんでもないことがわかります。他の国々と同じように推移しているだけです。マスコミの人たちは、データを見ない、データを比較しない、比較するとしても1個としか比較しないということをやっているから、まともな判断ができないのです。

同じ基準でデータを比較するのは、データ分析の基本です。そうでなければ、評価というものができません。

例えば、「数学ができる人」か「数学ができない人」かを判断するのであれば、同じ数学のテストを受けてもらって、０点から１００点まで並べて、上位の人を「数学ができる人」と評価するしかありません。同じ数学のテストを受けているから評価できるのであって、違うテストを受けている人の90点と80点を比較しても意味がありません。

基準をもとに比較しなければ判断できないのに、マスコミの記事にはそれがありません。

「株価3万円がバブルだ」と言うのであれば、どこの国の何と比較してそれが言えるのか、基準を示す必要があります。時系列で日本の株価1つだけを示して、過去と比較することもできますが、過去のどこと比較して「バブルだ」と言えるのかを示さなければ、説得力はありません。

マスコミの人たちは、グラフやデータを示さず、文章だけで書こうとするから説明がつかなくなるのです。株価3万円がおかしな数字でないことは図7で一目瞭然。文章など必要ないくらいです。

私がアメリカと日本の比較のグラフを提示しているのは、アメリカと比較すると自分の主義主張を裏付けるのに都合がいいというような恣《し》意《い》的なものではありません。前述したように、アメリカだけでなく他の国々と比較したグラフも描いたうえで、アメリカを代表例、比較基準にできると判断して、アメリカとの比較のグラフだけを出しています。

1枚のグラフを示すと、その1枚のグラフしか描いていないように思う人が多いようですが、実際にはたくさんのグラフを描いたうえで、全部を示すわけにはいかないので、代表的な1枚だけを示しています。

新聞記者の人たちは知らないようですが、株価には、きちんとした理論があります。標準的なファイナンス論では、株価は将来収益の現在価値の総和で決まるとされています。現在価値に引き戻すには金利が関係していますから、少し変形すると、「将来収益／金利」が株価を決める大きな要素となります。

金利が低くなれば株価は上がりますが、日銀がイールドカーブコントロールをしていますので、金利はあまり変動していません。株価上昇の説明をする際に、金利要因を取り除くことができます。

金利要因でないとすれば、株価は将来収益の予想で決まっているということです。将来といっても、ちょっと先の将来のことであり、半年後から1年後の収益予想で株価が決まるのが普通です。

大型の財政出動を伴う経済対策が打たれ、コロナのワクチン接種が始まることを見越して、半年後から1年後に企業の収益が上がると見た投資家たちが多いということです。２０２０年11月くらいから株価が大きく上がり始めましたが、読みのいい投資家は株価が上がる前に買いますので、２０２０年10月前から買っていたでしょう。

ちなみに、ＥＴＦの６兆円の購入枠を12兆円に増やした件ですが、購入枠を増額したのは２０２０年3月です。3月頭の時点では株価は2万１０００円くらいでした。

購入枠を増やしたことが大きく関係しているのであれば、すぐに株価が上昇してもおかしくありませんが、4月、5月は、株価は2万円を割り込むくらいに下がっています。6月にコロナ対策の大型補正予算が成立して株価は上がり始めましたが、10月くらいまでは2万3000円のレベルです。株価が大きく上がり始めたのは11月からです。そこから上がっていって、2021年2月に3万円を超えました。

マスコミの人は、ETF購入枠の増額と株価上昇を結びつけようとしますが、増額以降の株価の動きと比較してみると、説明がつきません。

さらにいえば、増額の規模を何と比較するかです。「自分の財布の中身」を基準にすれば、6兆円を12兆円にしたのはとてつもない増額です。しかし、「東証の時価総額」を基準にすれば、まったく違います。東証の時価総額は2021年2月時点で約700兆円。2020年3月時点でも600兆円くらいです。購入枠を6兆円増やしても全体の1%程度です。わずか1%の動きが、株価を2万円から3万円に50%も押し上げる主要な要因になっているというのは、説明として無理があります。

関係性を調べるためにグラフで確認する

図８は、10年前くらいに作ったものですが、為替レートと名目ＧＤＰの関係を表したグラフです。

このグラフをなぜ描いたかというと、ＧＤＰはどういう要因で決まっているかを示したかったからです。

２００１年～２００４年くらいまでは関係性が見えませんが、２００４年～２０１１年までは動きが似ています。かなり前に作った図なので相関係数の数字は覚えていませんが、高い相関を示していたと思います。グラフがピタリと重なっていれば完全に相関しているということであり、動きがかなり似ていれば、相関係数は高いと読み取れます。２００４年からは、かなり高い相関があるように見えます。

グラフで示されているのは相関関係であり、因果関係は示されていませんが、経済理論の中に、為替レートが安くなるとＧＤＰが高くなるという理論があります。経済理論を当てはめて検証すると、為替要因がＧＤＰに影響を与えている因果関係をきちんと検証できます。

【図2】為替レート（左：灰：円ドル）と名目GDP（右：黒：兆円）との関係

図8

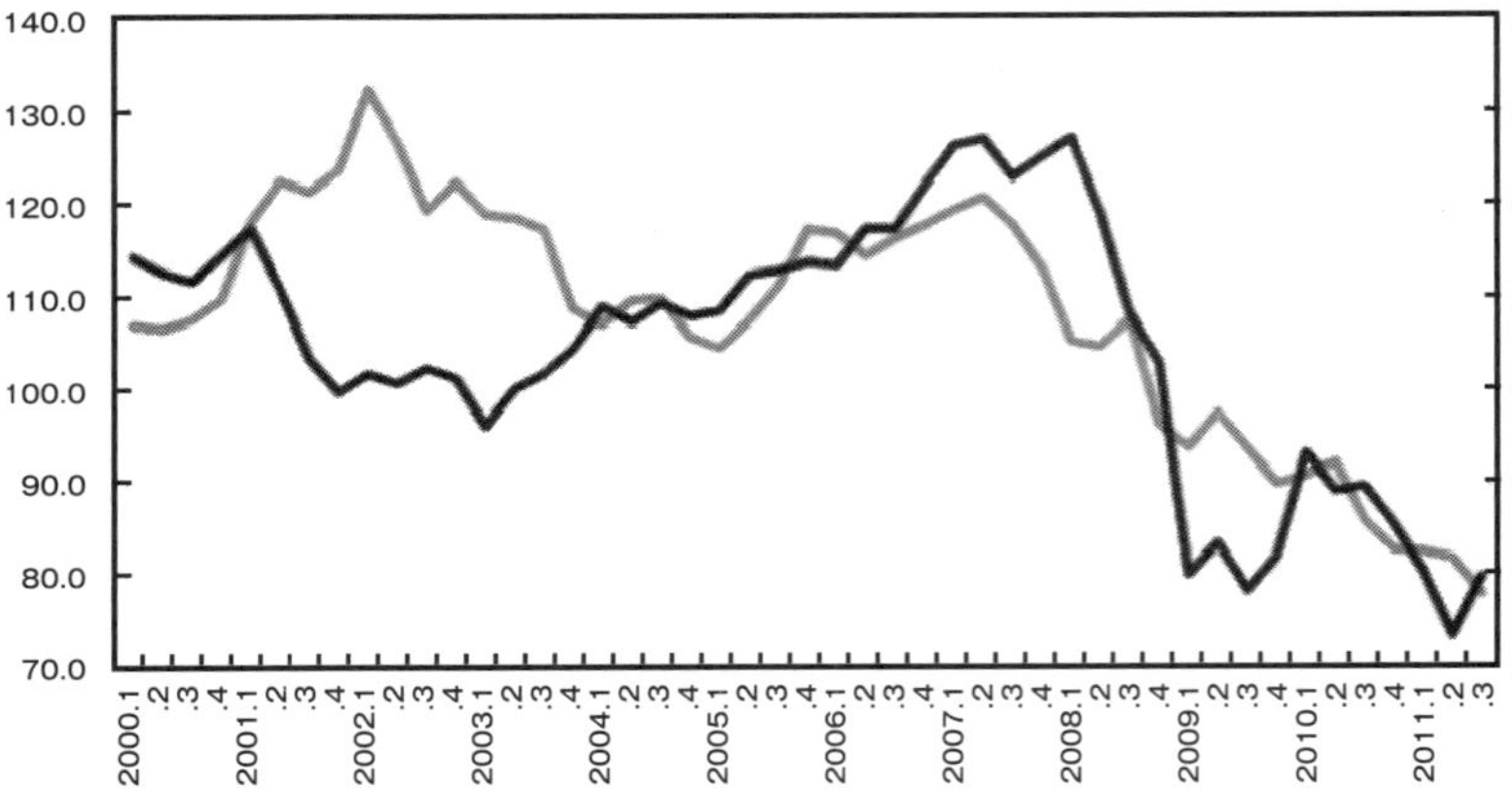

新聞に、為替とＧＤＰの比較のグラフが出ているのを見たことがありません。為替なら為替、ＧＤＰならＧＤＰの１本の線のグラフばかりです。為替だけのグラフを出して、そこに「出来事」を入れ、「この出来事があったから、為替が上がった（下がった）」と安易に判断して記事がまとめられていることがよくあります。

確かに、その出来事が為替に影響している可能性もありますが、まったく影響していない可能性もあります。複数の要因があるなかで、その出来事が一番大きく影響したという根拠は何もないわけです。

時系列だけを見て、出来事の後にグラフの変動があると、因果関係があると思い込んでしまいがちですが、それはロジックにもなっていないテキトーな説明です。マスコミの報道は、そういうものばかりです。

何と何が関係があるのかは、いろいろな要素を調べてみないと、検証できません。それには、比較対象を出すことが必要です。

図８のグラフをパッと見て、「他の国々ではどうなっているんだろうか？」と感じた人は、グラフ作りの素質があります。

このグラフを作るときに、私が同じようなグラフを多数作成したことを想像できるでしょうか。

図８は、日本における為替とＧＤＰの関係を示したものですが、日本だけの特殊な現象かもしれません。「他国ではどうなっているのか。他国でも為替とＧＤＰに関係があるのか」ということを調べる必要があります。

調べてみると、多くの国々で似たような傾向が出ていました。

為替とＧＤＰの連動が見られる国の中には、「為替が動くとすぐにＧＤＰが大きく動く国」「為替が動いてもＧＤＰはそれほど大きく動かない国」がありました。それは、ＧＤＰに占める貿易の割合とリンクしていました。

日本の場合は、ＧＤＰに占める貿易の割合は小さいので、為替が動いてもすぐにＧＤＰに反映される国ではありません。それでも、輸出企業の中には、エクセレント・カンパニー（超優良企業）が多いので、輸出の動向は国内経済への波及効果が大きくなります。為替が動くことによって、結果的にＧＤＰに一定の影響を与えてしまうわけです。

グラフを作ってみると、そういったことを細かく分析できます。

たった1枚のグラフですが、背後には発表していないたくさんのグラフがありますので、1枚のグラフでもインフォメーションの量は膨大です。

グラフを作っていく作業の中で、頭の中で、

「為替とＧＤＰは関係しているのだろうか」

「この関係は日本だけの特別なものだろうか」

「為替とＧＤＰの連動が強い国と弱い国があるのは、何が関係しているのだろうか」

「日本は他国と比べて、どういう状況だろうか」

など、いろいろなことを考えながら、検証・分析をしています。

グラフが完成するころには、頭の中が整理されてきます。グラフが描ければ、あとは頭の中で分析したことを文章にしていくだけです。

予測して検証するためにグラフ化する

私は、多くのことに関して、事前に予測式を作り、後で検証しています。どうしてそうしているかというと、正しい考え方で予測していたかどうかを確認したいからです。「わー、当たった」と喜んでいるわけではなく、重要なのは、考え方のプロセスが正しかったかどうかの検証です。

文系の人たちは、議論によってどちらが正しいかを決めようとしがちです。自然科学の場合は、議論で決めることはまずありません。予測して、予測がドンピシャと当たった人が勝者と認められます。予測が当たっていないのに議論で勝っても、何の意味もありません。議論などはしなくて「誰の予測が一番当たっているか見ましょうよ」で、おしまいです。

私は「打率」という表現をよく使いますが、予測が当たる打率を高くしていくことが大事です。

企業から講演を頼まれることがよくありますが、経営者たちは私の予測を知りたいから話を聞いてくれるのでしょう。「この先、経済はどうなるのか」「金利はどうなるのか」「雇用はどうなるのか」といったことを聞いて、経営に生かそうとしているわけです。私の予測が当たるとは限りませんが、打率がある程度高いから講演に呼んでもらえるのだと思います。

昨今の例で言えば、経営者が一番知りたいことは「コロナがいつ落ち着くか」ということです。波はまた来ますが、今の波がいつ落ち着くか、これを正しく予測できれば、経営者にとって非常に役に立ちます。

経済分野は、その多くが予測で成り立っています。株価は将来の収益予想で決まりますし、長期金利も多くの取引関係者の予想によって決まります。

予測精度を高めることは、経済分野では非常に重要です。

政治家や歴代総理が私の話を聞いてくれるのも、予測の打率を見ているためです。「髙橋さんの言っていることは、よく当たるから」と言って話を聞いてくれます。「当たる人の話を聞いて決めれば、そう大きな間違いはないだろう」という判断です。

私は自分の予測精度を高めるために、事前に予測式を作り、後で検証して、どの考え方が間違っていたかを修正する作業をしています。いわば「打率」を高めるための努力です。

図9のグラフは、インフレ率の予測値と現実の推移を比較したグラフです。

相関係数が0・94ですから、かなり予測が当たっています。自分の考えた予測式がだい

インフレ率（現実と予測値）の推移　図９

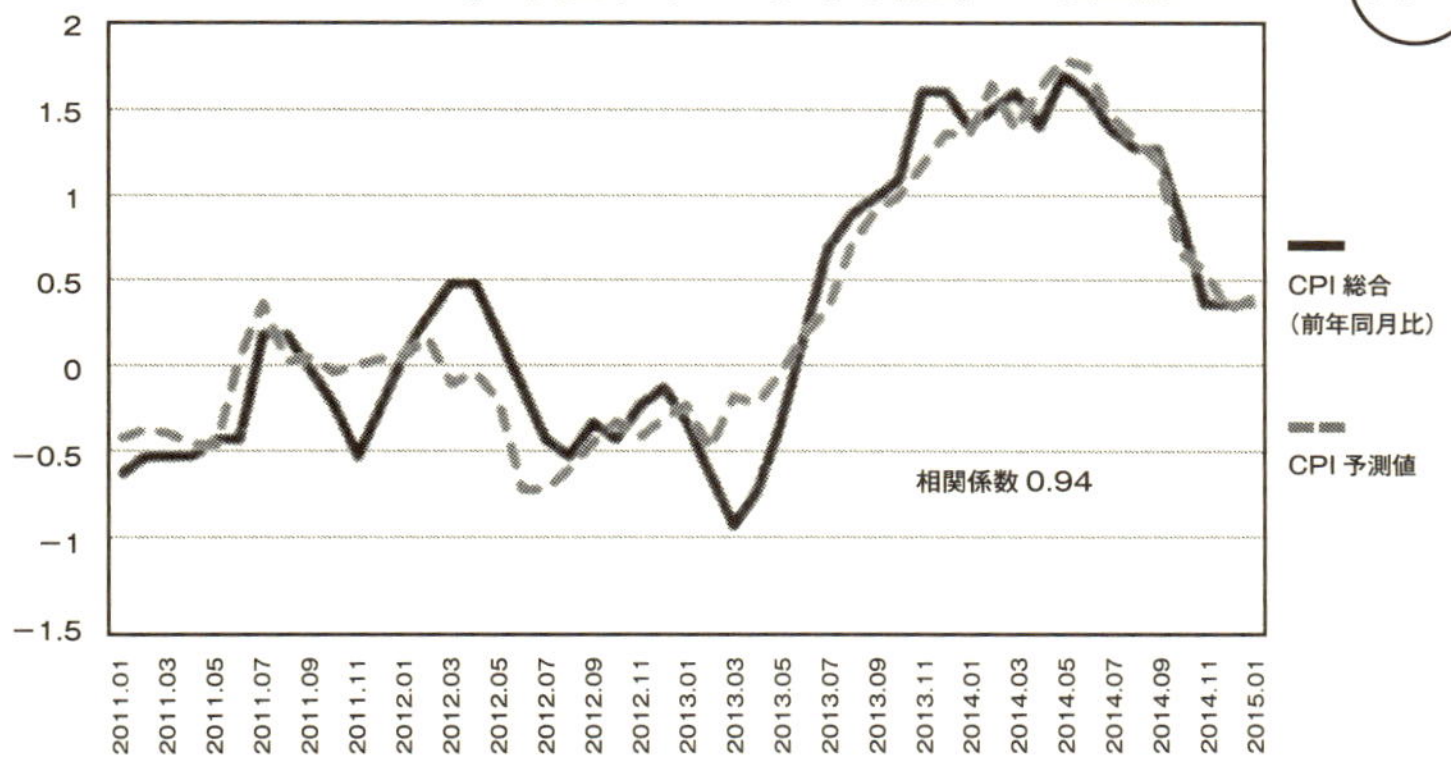

（資料）総務省「消費者物価統計」推計値は、マネタリーベース伸び率、消費増税から筆者試算

インフレ率＝−0.68＋0.044＊マネタリーベース対前年同月比（3カ月ラグ）
−0.54＊消費増税（半年ラグ）

たい正しいと判断できるわけです。デタラメの式だけれどもまぐれで当たったということもありえますが、おおむね正しい考え方をしているから当たったのだろうと考えられます。

もちろん、この裏には当たらない予測式もたくさんあります。当たらない式はそもそも説明力がないので全部ボツ。ボツのものは、発表しませんし、原稿にもなりません。かなり当たっているものしか発表していません（笑）。

でも、当たりそうでも結果として外れたものもありますが、それから得られる情報はたくさんあります。外れたということは、自分の考えが間違っていたということ。外れた原因を突き止めていけば、精度の高い予測につながっていきます。

図9のグラフは、2011年~2015年の4年間のデータをもとにしたものです。この期間は予測式がかなり当たっていますが、その後もこの予測式が当たっているかどうかは、検証が必要です。

これはパラメーターの安定性というものです。パラメーターというのは、−0.68とか0.044とか、−0.54といった数字です。4~5年間は、このパラメーターによる予測式で当たっていたのですが、その後は、パラメーターの数字が少し変わりました。

人間の行動は、10年も20年も同じままではありません。4~5年くらいは同じ行動パターンを続けることはありますが、20年も同じパターンで行動することは少ないようです。20年間、同じパラメーターで当たり続けることはまずありませんので、パラメーターは少しずつ変えていかなければなりません。

どの数字を使うか検証するためにグラフ化する

各新聞社・TV局が、毎月、内閣支持率を発表しています。

内閣支持率は、各社とも似たような数字とはいえ、若干の幅があります。世論調査を俯瞰《ふかん》で見ないと正しい判断ができません。

図10は、共同通信、時事通信、ＮＨＫの３社の比較をしています。

評論家やコメンテーターの中には、自分の主義主張に都合の良い数字を使おうとする人がいます。政権を批判したい人は、一番支持率の低い調査を持ってきます。２０２０年２月の時点なら、時事通信の数字を使って「安倍政権の支持率が４割を割り込んだ」と言って、「国民からの批判が強まっている」などと結論づけます。時事通信の調査では４割を下回っていますが、共同通信、ＮＨＫの調査ではそうではありません。

どの数字をとっても良いのですが、時事通信の数字を基準にするのであれば、いついかなるときも時事通信の支持率で語らなければなりません。共同通信の支持率を使うのなら、ずっと共同通信の数字を使わなければなりません。自分の主張に合わせて、恣意的に選んではダメです。

データの扱いに慣れていない人は、その都度、自分に都合の良いデータを使いがちです。

図10のように、各社の支持率を並べてみて、「どのデータを使うのが一番適切だろうか」とチェックしながら、私はデータを使っています。

内閣支持率の推移　図10

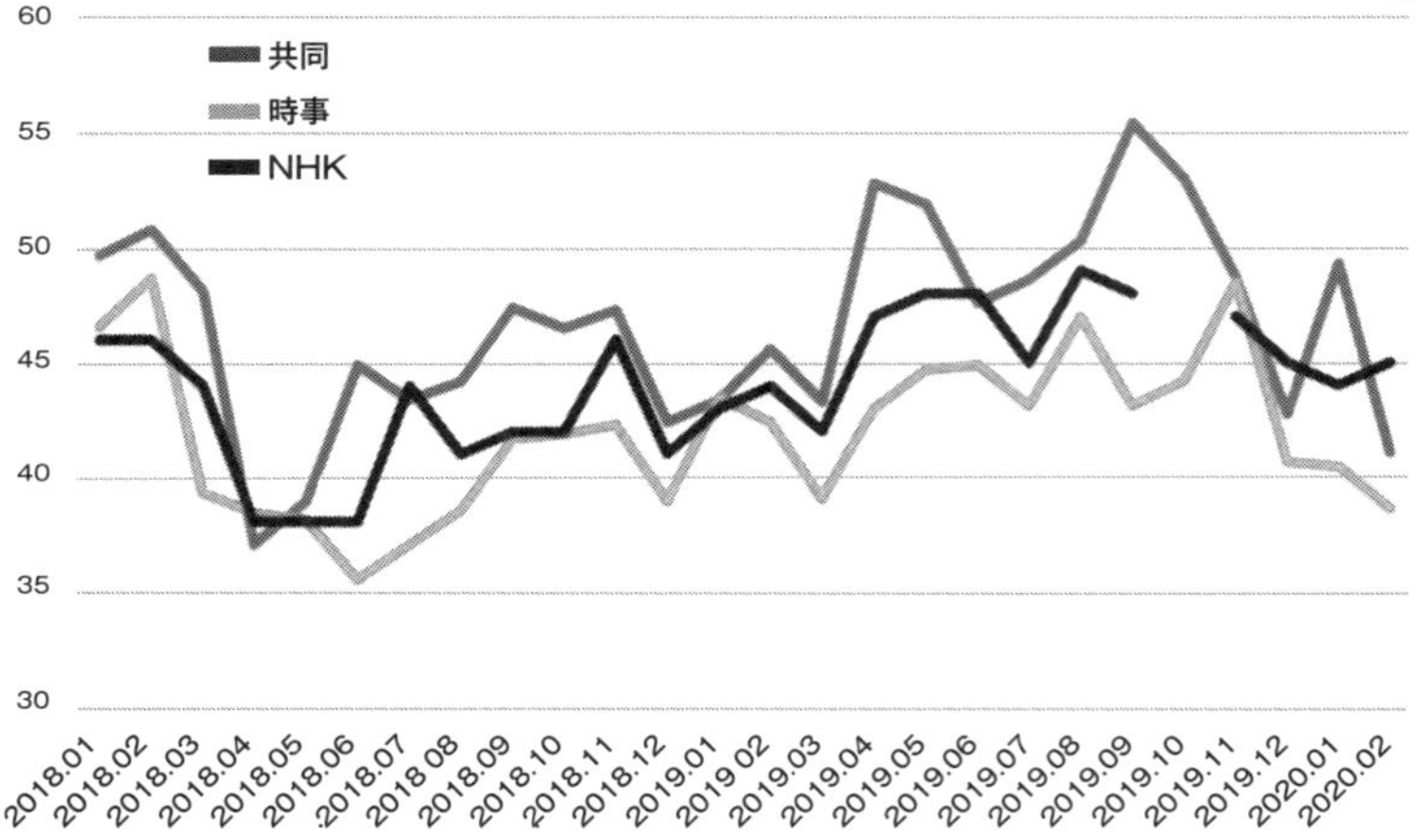

（資料）各社資料

このグラフを見ると、ＮＨＫがだいたい真ん中にあります。ＮＨＫが平均的な数字を示していますから、「ＮＨＫの数字で見れば大きな間違いはないだろう」と考えるわけです。いったんＮＨＫの数字を使い始めたら、ずっとＮＨＫの数字を基準にして見ていかなければなりません。

データを引用するに当たっては、どのデータを持ってくるのが一番適切かということを必ずチェックしなければなりません。それがデータ分析の前提です。

単にグラフを作ればいい、データを引用して記事を書けばいいというものではなく、データを正しく扱うためには、事前にたくさんのデータ検証作業が必要になります。

予測には幅を持たせたり、複数の予測をしたりする

図11は、２０２０年の前半に作った新型コロナウイルスの国内新規感染者数の推移と予測値です。

ＳＩＲモデルという、感染症ではかなり有名な微分方程式のようもので回帰式を作り、少し先にグラフを延ばして予測値を出しています。ＳＩＲモデルというのは、Ｓ（susceptible、免疫がない人）、Ｉ（infected、現在の感染者）、Ｒ（recovered、回復して免疫のある人）の略です。

私は大蔵省に入る前に、統計数理研究所というところで、感染症の数理モデルの研究をしていました。かなり昔のことですから、あくまでも元研究者ですが（笑）。

図11は、数理モデルに基づいて作ったグラフです。

なぜ数理モデルで計算式を作るのかというと、計算式を作ると少し先の状況を推計できるからです。感染症でみなさんが一番知りたいことは、今日の数字ではなく、「いつピークアウトするのか」といった先のことです。

新規国内感染数の推移(2020.07.23)

図11

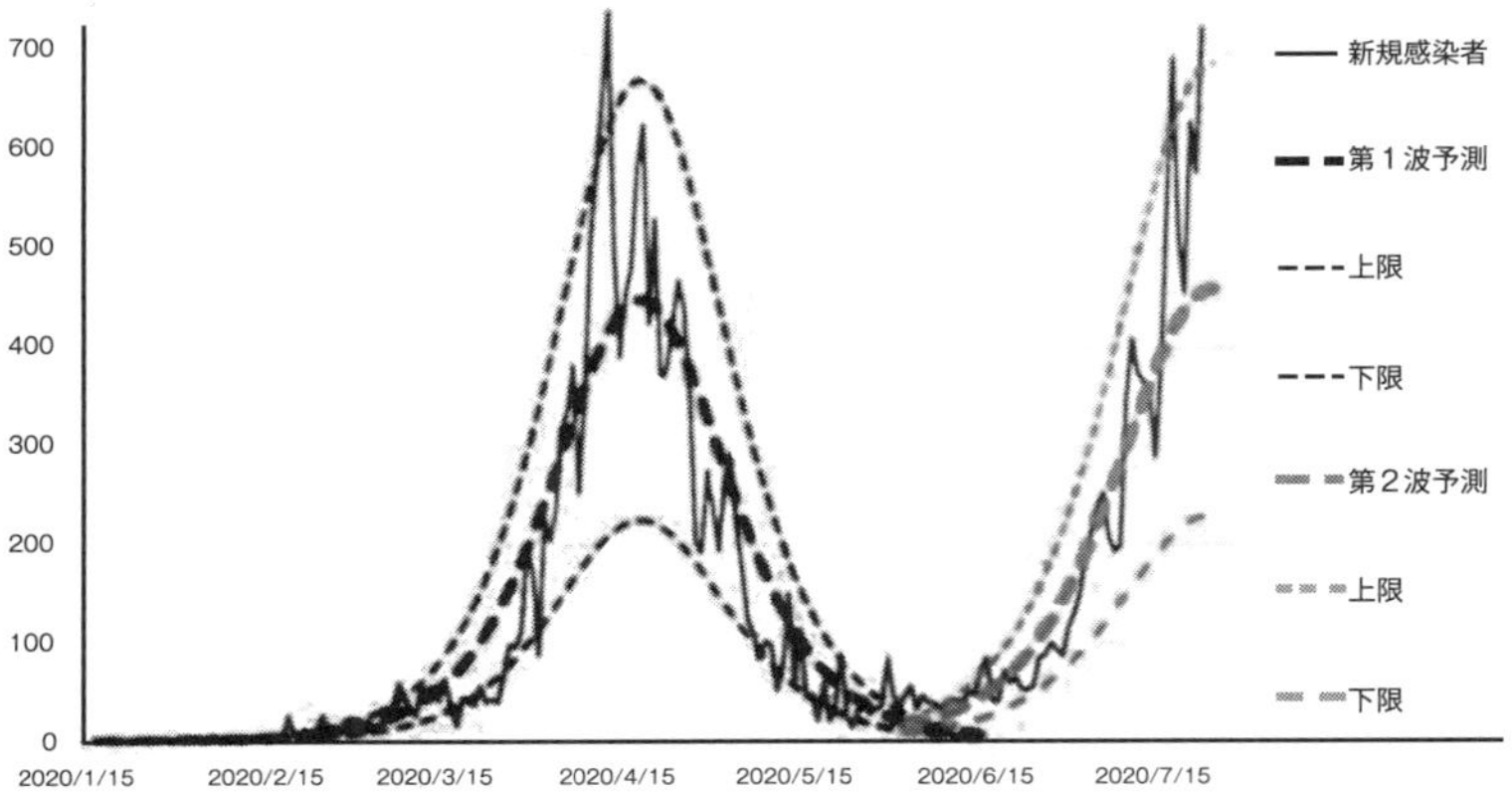

（資料）厚労省、予測は筆者による

計算式を作ると、少し先までの予測ができます。ただし、予測は当たることもあれば、外れることもあり、幅を持っています。

このグラフで重要なことは、幅を示していることです。予測するにしても、幅というものがありますから、上限、下限を示しています。図11は、上限と下限の幅の中にだいたい9割が収まるようにしています。

統計分析では、平均値と標準偏差（シグマ）がわかれば、平均値±2シグマを取ると、その中に95％くらいが収まることが知られています。ただ、図11においては、上限を平均値プラス2シグマ、下限を平均値マイナス2シグマにすると、線の幅が広すぎてしまうので、ちょっと狭くして90％が収まる範囲を上限、下限としています。これは、私が決めた設定です。

図12

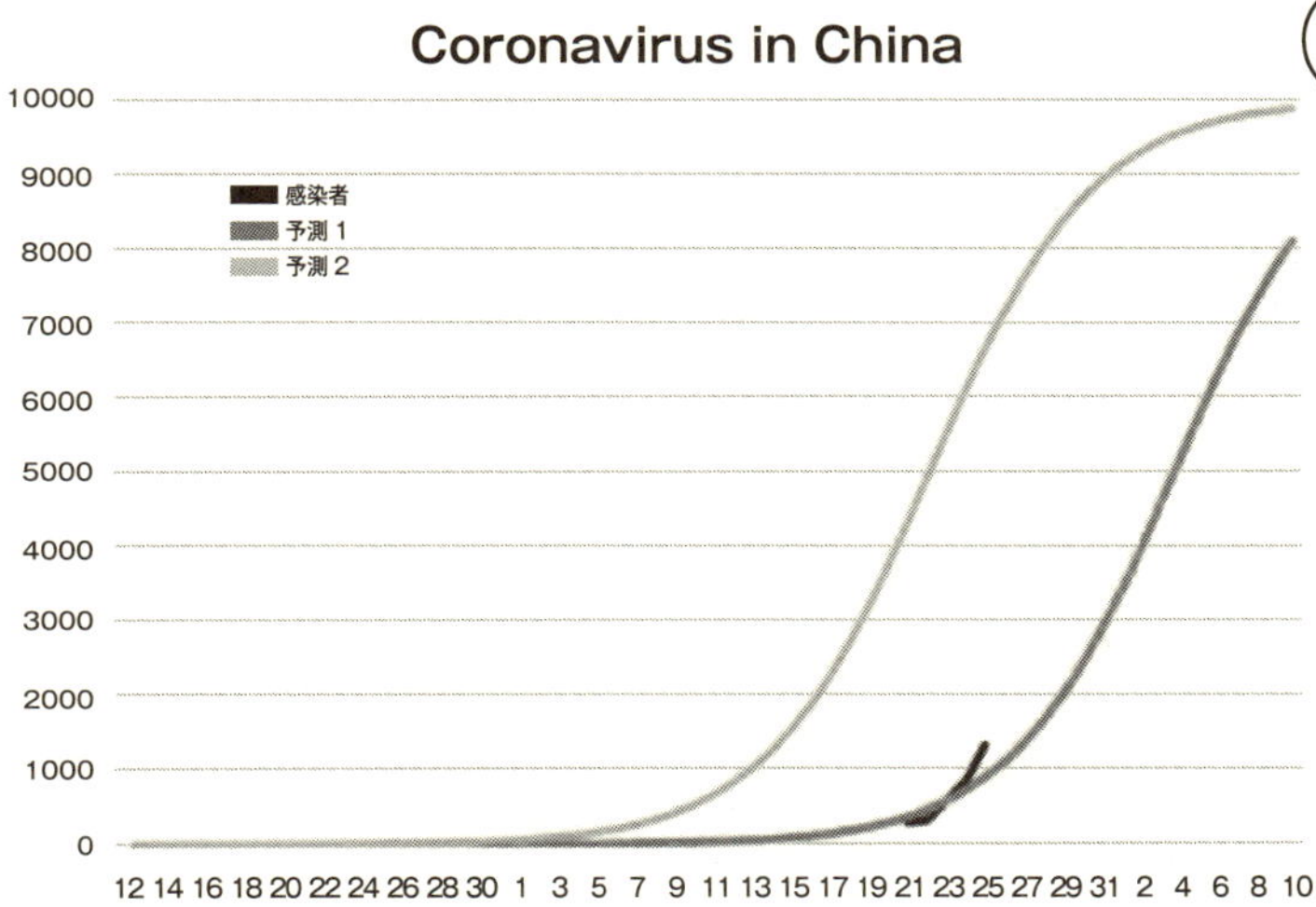

（資料）WHO データなどから筆者試算

もう少し幅を狭くすることもできますが、9割くらいは収まったほうがいいだろうと判断して、上限、下限を設定しました。当たり前のことですが、上限と下限がなければ、その中に１００％収まります。

実際の感染者数の推移は実線で示しています。ほぼ90%の上限と下限の幅の中に収まっていることがわかると思います。この数理モデルによる予測は、だいたい当たっていたと考えられます。

図12は、中国でのコロナウイルスの広がりを予測したときのグラフです。「予測１」と「予測２」の２つの予測を出していますが、これも「幅」のようなものです。

私は予測する際には、いろいろな設定を置

いて、可能性としては3つくらいは考えます。数理モデルにおける設定というのは、パラメーターをある数値として設定することです。これは長年の経験からの「勘」でやるときもあります。勘の部分もあり、また数理的な部分もあり、両者がミクスチャーしているので、とても面白い作業です。その後の推移をフォローして、当たっていたかどうかを確かめます。

難しい話に思えるかもしれませんが、よくわからないことを予測するときには、1つの予測だけにしないで、いくつかの設定を置いて複数の予測を出したり、予測に幅を持たせたりするのが重要だということです。

コロナの世界比較は、対数グラフを使うのが標準

新型コロナウイルスが広がってから、マスコミは毎日のようにコロナ関連の報道を続けました。私は日本の報道を見て、「なんで対数グラフを使わないのかな?」とずっと不思議に思っていました。

海外のマスコミのサイトでは、「対数グラフ」が当たり前のものとして出てきます。桁数の違う現象を比較をするときに、対数グラフを使うのはごく常識的なことです。しかし、日

本のマスコミで、対数グラフが掲載されていた例をほとんど見たことがありません。「対数グラフが載っていた」という話をあまり聞いたこともありません。

想像するに、日本のマスコミの人たちはリテラシーが低く、対数グラフを見たことも作ったこともないのでしょう。

図13と14は、『フィナンシャル・タイムズ』のサイトに出ているグラフです。いずれも10万人当たりの感染者数の７日間移動平均をグラフ化しています。国の数が多いとゴチャゴチャしてわかりにくくなりますので、日本、台湾、アメリカ、イギリスの４カ国だけに絞りました。

図13は、普通のグラフです。これを見ると、日本や台湾は地べた（ゼロ付近）に張り付いている状態で、増えているのか減っているのかよくわかりません。アメリカやイギリスとは桁数が違うためうまく比較できないのです。

桁数が１桁、２桁違うものを比較するときには、対数グラフが用いられます。図14が対数グラフです。

左の目盛りを見てもらうと、「０・００１」「０・０１」「０・１」「１」「１０」「１００」と、１桁ずつ上がっています。

アメリカ、イギリス、日本、台湾

図13

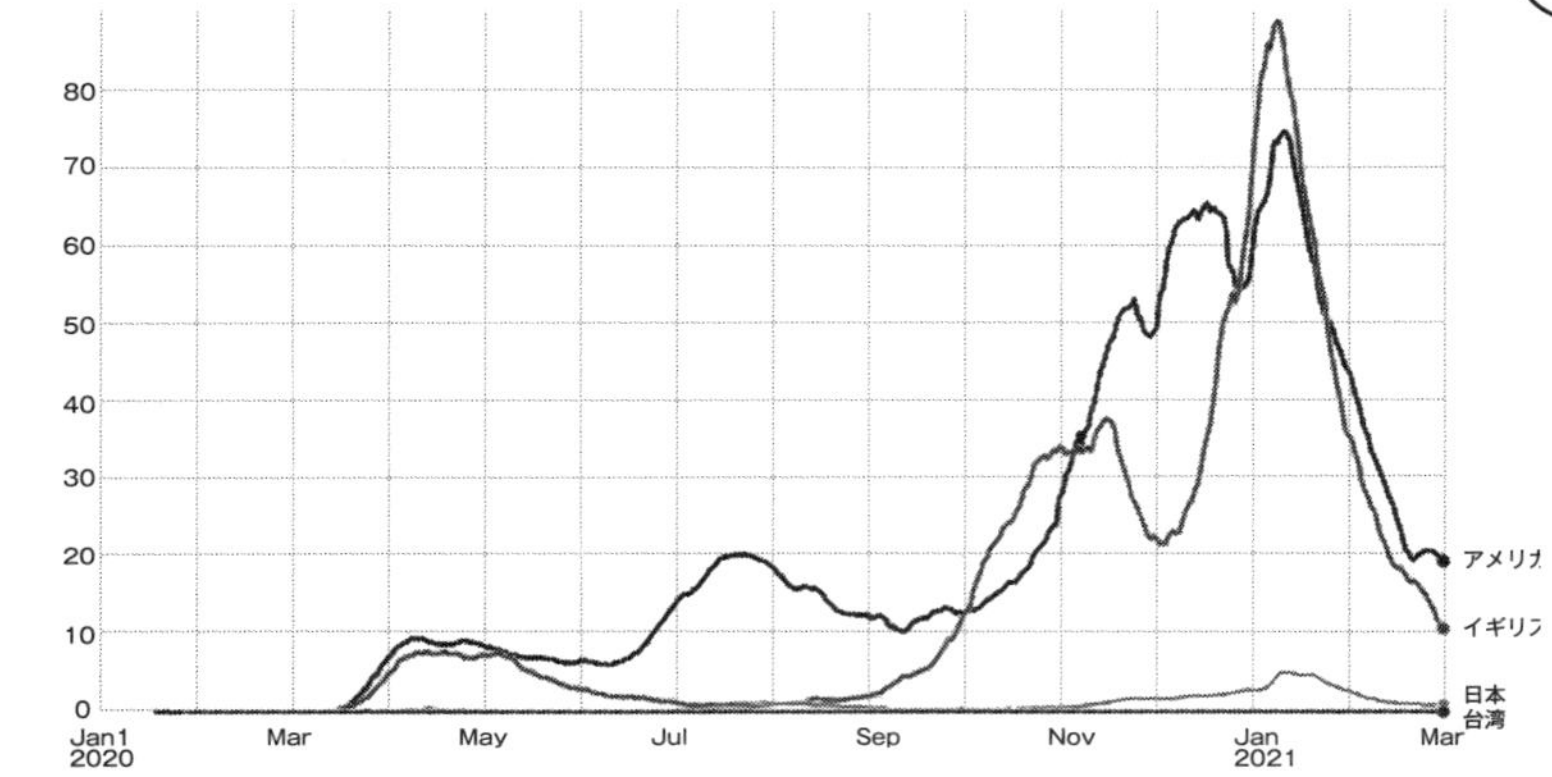

10 万人当たり感染者数　7 日間移動平均　2020 年 1 月～ 2021 年 3 月

図14

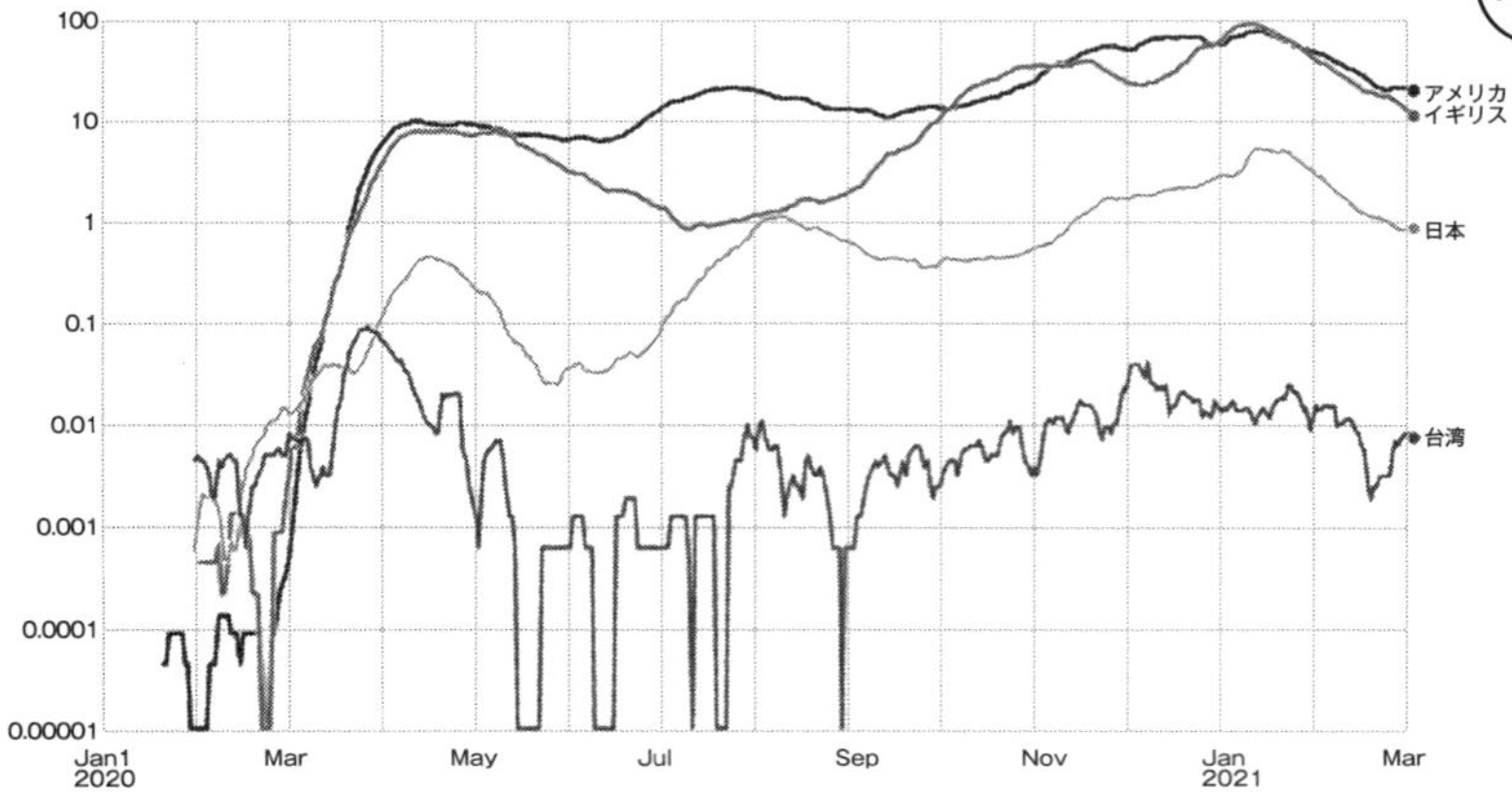

10 万人当たり感染者数　7 日間移動平均　2020 年 1 月～ 2021 年 3 月

対数グラフにすると、桁数が違っていても動きの比較ができます。

対数グラフでは、1目盛り違うと、10倍違います。2021年3月ごろを見ると、日本とイギリスは1目盛り違いますから、イギリスは日本の10倍くらいであることがわかります。アメリカはそれより少し上にありますから、20倍くらいということが読み取れます。台湾は、日本より2目盛りくらい下にありますから、台湾は日本の100分の1くらいということです。

2020年の5月~7月頃は、日本とアメリカの目盛りは2目盛りくらい離れていて、アメリカは日本の100倍くらいでした。当時私は、「アメリカとは2桁違う」とよく言っていましたが、対数グラフを見て、2目盛りの違いがあることを確認していたからです。

2目盛り下がると100分の1、つまり1%です。1%というのは、普通は誤差とみなされるくらいの数字です。マスコミは大騒ぎしましたが、海外から見れば、日本の感染者数の増減は誤差の範囲内というレベルでした。

同じ2目盛りでも、上のほうの目盛りと下のほうの目盛りとでは、意味合いはかなり違います。100人を基準にすると、2目盛り下がると1人。2目盛り上がると1万人。上のほうの2目盛り（100倍）と下のほうの2目盛り（100倍）とでは、意味するものが違います。

感染者数だとイメージがわきにくいかもしれませんが、重症者数をイメージすると、違いがよくわかるはずです。「重症者が1人から100人になりました」というのであれば医療機関のやりくりで対応できるかもしれませんが、「重症者が100人から1万人になりました」となってしまうと、医療の逼迫《ひっぱく》が起こりかねません。

日本のマスコミでは「指数関数的」という言葉はよく出てきましたが、「対数グラフ」は出てきませんでした。テレビに出ているコメンテーターから、「対数グラフが直線で伸びているから、指数関数的に感染者が増えていて、心配」といったコメントを聞くことはありませんでした。

指数と対数は裏表一体の関係です。海外のマスコミが対数グラフで情報を発信しているのと比べると、日本のマスコミのリテラシーの低さがよくわかりました。日本のマスコミやコメンテーターには、対数グラフを使って説明できる人がいないようです。

対数グラフで、「指数関数的」の意味を確認しておきます。

対数グラフでグラフの線が直線になっている部分は、指数関数的に増えていることを表しています。

指数関数というのは、

y＝aのx乗（a＞0 かつ a≠1）

という関数。

a＝2であれば、2、4、8、16、32、64…と、後半になるほど急激に上がっていきます。

図14の対数グラフでイギリスの2020年9月から10月半ばくらいまでのところを見てください。直線的に1目盛り分くらい上がっています。これは、約1カ月半で指数関数的に10倍に増えたということです。

図13の普通のグラフで確認してもらうと、わかるはずです。9月時点では「3」くらいですが、そこから指数関数的に急激に上がっていって、10倍の「30」になっています。対数グラフが直線になっているところは、指数関数的に尻上がりで急激に伸びていることを表していますので、かなりまずい状態です。

対数グラフ（図14）では、日本の2020年7月から8月くらいのところも直線で1目盛り上がっています。指数関数的に10倍になったことを示しています。ただし、10倍になったけれども、低いレベルのところで10倍になっていますので、普通のグラフ（図13）で見ると地べたに張り付いたままです。

対数グラフ（図14）では、2021年1月半ばから3月にかけて、日本は直線的に1目盛り下がっています。これは、指数関数的に感染者数が減っていったことを表しています。同時期に、アメリカ、イギリスも同じくらいの傾きで1目盛り下がっています。

普通のグラフ（図13）で見ると、アメリカ、イギリスは急激に感染者数が下がって、日本はあまり下がっていないように見えますが、対数グラフ（図14）ではアメリカ、イギリス、日本は同じようなペースで10分の1のレベルまで感染者数が減ったことがわかります。

日本のマスコミの中には、台湾とだけ比較して、日本のことを話す人もいます。台湾と比較すると日本は100倍くらい悪いですから、最悪に思えてしまうかもしれません。しかし、世界にはたくさんの国、いくつもの先進国があります。それらの国々と比べると、日本は10分の1、100分の1のレベルです。特定の国との比較だけでなく、世界全体の中での日本の位置づけを見ていくことが大事です。

マスコミは、印象論あるいは意図的に「日本はひどい」「日本は最悪だ」といった情報を流しますが、そもそも世界では当たり前の対数グラフも扱えないような人たちです。グラフを読み取ることのできる人は、マスコミの情報に惑わされずに済みます。

コロナの経済への影響は、行動制限指数と財政支援で読み解ける

図15は、先進国の財政支援と行動制限指数の関係を示したもの、図16は、行動制限指数と経済の落ち込みを示したものです。

もともとの私の問題意識は「コロナによる経済の落ち込みを何で説明できるか」というものでした。それを分析するために、各国のデータを調べました。

データは、各国のサイトに個別にアクセスして調べることもできますが、権威のある国際機関のデータを使うのが簡単ですから、ＩＭＦのサイトや『Our World in Data』から取ってきました。第４章の〈演習〉で世界銀行のデータを使ってもらいましたが、今は、どの機関もエクセルのファイルをダウンロードできるようになっていますのでとても楽です。

ただ、今回は２つの別々の機関のデータを取ってきましたから、両方にデータのある国だけを抜き出さなければなりません。そういった作業が、ちょっと面倒です。

両方にデータのあるものだけを抽出して、回帰分析をすると、「経済の落ち込み」は、「行動制限」と「財政出動」の２つの要素で説明できることがわかりました。３つの関係を図に

先進国の財政支援(横)と行動制限指数(縦)

図15

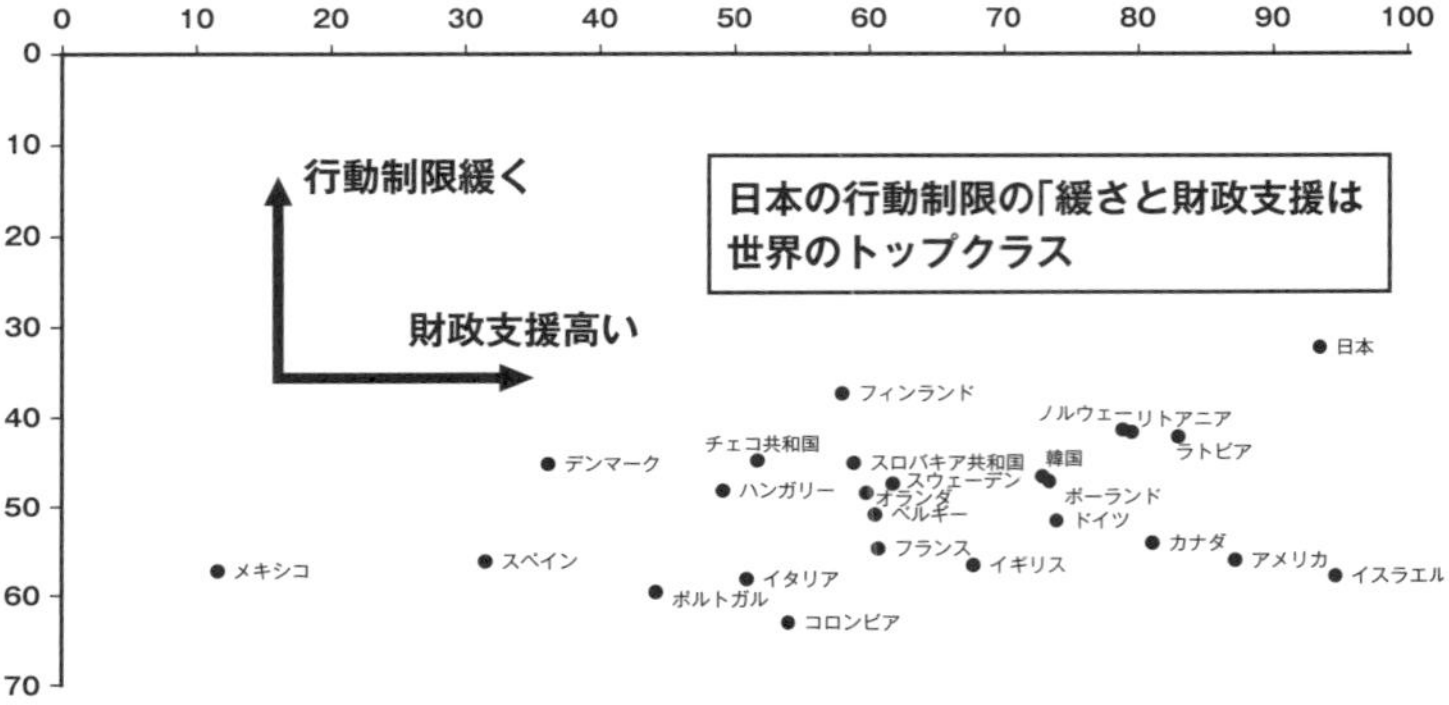

(資料)財政支援はAdditional spending対GDP比/(Additional spending対GDP比+2020第四四半期の前年比減少額)。
https://www.imf.org/en/Topics/imf-and-covid19/Fiscal-Policies-Database-in-Response-to-COVID-19
行動制限指数は、2020年平均。https://ourworldindata.org/grapher/covid-stringency-index

先進国の行動制限指数(横)と経済落ち込み(縦)

図16

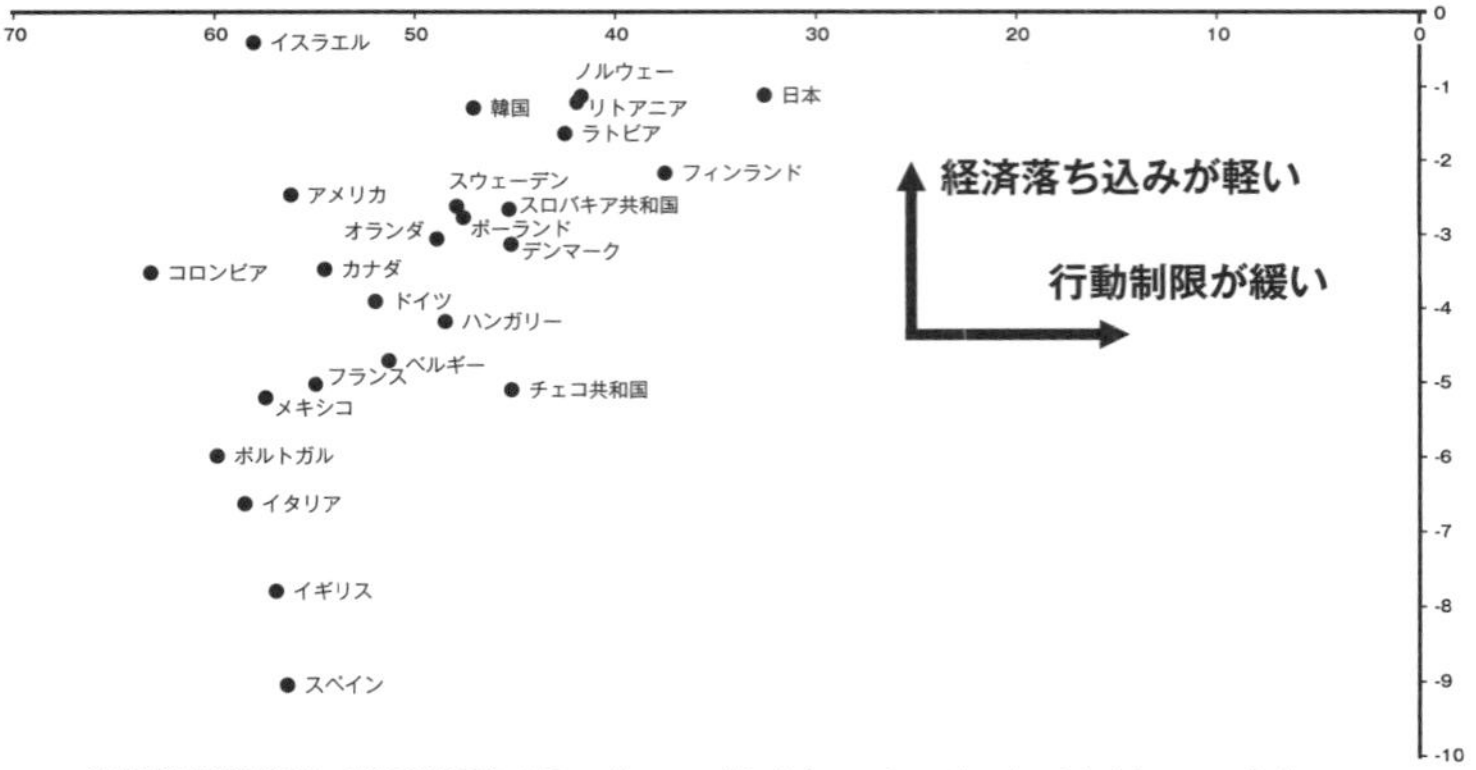

(資料)行動制限指数は、2020年平均。https://ourworldindata.org/grapher/covid-stringency-index
経済落ち込みは、2020年第四四半期の対前年比。OECD Quarterly National Accounts

することは難しいため、２つの図に分けました。

図15は、財政支援と行動制限の関係を示した図です。大きく分類すると「財政支援の高い国」「財政支援の低い国」に分けることができ、また「行動制限の厳しい国」「行動制限の緩い国」に分けることができます。

感染症対策でよくとられる政策は、行動制限をする代わりに、休業補償などの財政支援を増やすというものです。左上から右下に向かって右肩下がりに、点が並ぶはずです。

左下にあるメキシコは、行動制限が厳しいのに財政出動が少ない最悪の国。それに対して、右上にある国は、行動制限が緩いのに財政支援が多い国。その代表が日本です。

次の図16は、行動制限結果、経済がどうなったかを示したものです。行動制限指数と経済の落ち込み（２０２０年第４四半期の対前年比）との関係を表しています。

日本は、一番上のほうにありますから、経済の落ち込みが少ない国であるとわかります。行動制限を緩くして、財政出動を多くしたために、経済の落ち込みが少なくて済んでいます。

マスコミの人たちは、「経済の落ち込みが大変だ、大変だ」と言います。確かに、日本だけを見ていれば、経済の落ち込みは深刻なものです。しかし、世界の中では日本の落ち込みは少ないほうです。

行動制限が緩いですから、ある程度の活動ができ、そのうえ財政出動が多いため、経済の落ち込みが他国ほど悪くはありません。さらに言えば、アメリカやヨーロッパと比べると、日本の感染者数、死者数は1桁、2桁低い数字です（対数グラフ（「図14」）を参照してください）。

グラフを見れば、世界の中での日本の位置づけがよくわかるはずです。

マスコミは、データに基づかずに「経済が大変だ、大変だ」と騒いでいるだけ。だから、解決法をまったく示すことができません。

図16は、グラフ化のプロセスで数式を作っています。数式がありますから、どのくらい行動制限を緩めると、どのくらい経済が回復するかということを数量的に書くこともできます。第4章の〈演習1〉以降で、散布図から作られた数式をもとに、8％くらいマネーの量を増やすと2％くらいのインフレ率になるということを数量的に見てもらいました。それと同じで、行動制限をどのくらい緩めると、経済の落ち込みがどう変化するかを数量的に計算することができます。

また、どの程度の財政支援を追加すると、経済回復がどのくらい進むかということも計算できます。

こうしたことを、グラフと数式を示しながら記述すれば、学術論文になるわけです。図15・図16は、完全に論文レベルのグラフですが、学者でもなかなかこういう分析はできないようです。できていれば、誰かが論文にして発表しているはずです。学者でも難しいのですから、マスコミの記者にはほぼ不可能な分析です。私が新聞をまったく読まないのは、こうした分析が新聞には出ないからです。

私は、グラフを描いたら、それで「もう終わり」という感覚ですが、文章にせざるを得ないときには、文章を書きます。

情報が詰まったグラフですから、１枚のグラフから1万字、２万字はすぐに書けます。若い頃でしたら、学術論文にまとめて世界に発表したでしょうが、今はそこまでのことはしていなくて、『現代ビジネス』などで発表しています。

民主主義指数とコロナ死者の関係は？

図17は、民主主義の度合いと、新型コロナウイルス死亡者の関係を示した図です。横軸は民主主義指数で、右へ行くほど民主度が高い国、左へ行くほど民主度が低い国となっていま

す。縦軸は100万人当たりの新型コロナウイルス死亡者数です。

このグラフを描く前に、頭の中にイメージがありました。おそらく散布図は三角形のようになるだろうと。

民主度の低い国は、国民の権利（私権）など考えていませんから、国家による強制的な措置を迅速に行えます。人々の行動を厳しく制限して、コロナの蔓延《まんえん》を防ぐことができます。民主度の低い国は、どの国もコロナを押さえ込みやすく、バラツキはあまりないはずです。

民主度の高い国では、バラツキが出るはずです。憲法に緊急事態条項が入っている国では、適切な手続きによって非常事態宣言をあらかじめ規定しておき、それを適切に行使して対応することもできます。ロックダウン（都市封鎖）も可能です。

民主度の高い国のうち、日本のように憲法に緊急事態条項のない国は、厳しい私権制限をすることはできず、他の手段を使って対応しなければなりません。

民主度の高い国では、対応手段の幅が大きいため、結果がばらつくことが予想されます。ですから、散布図は右上がりの三角形になるだろうと予想しました。

民主度のデータは、イギリスの『エコノミスト』誌が毎年「民主主義指数」を公表していますので、最新の2020年版の指数を持ってきました。民主度は10点満点のスコアになっ

民主主義指数（横軸）と新型コロナ死亡者（100万人当たり、縦軸）

図17

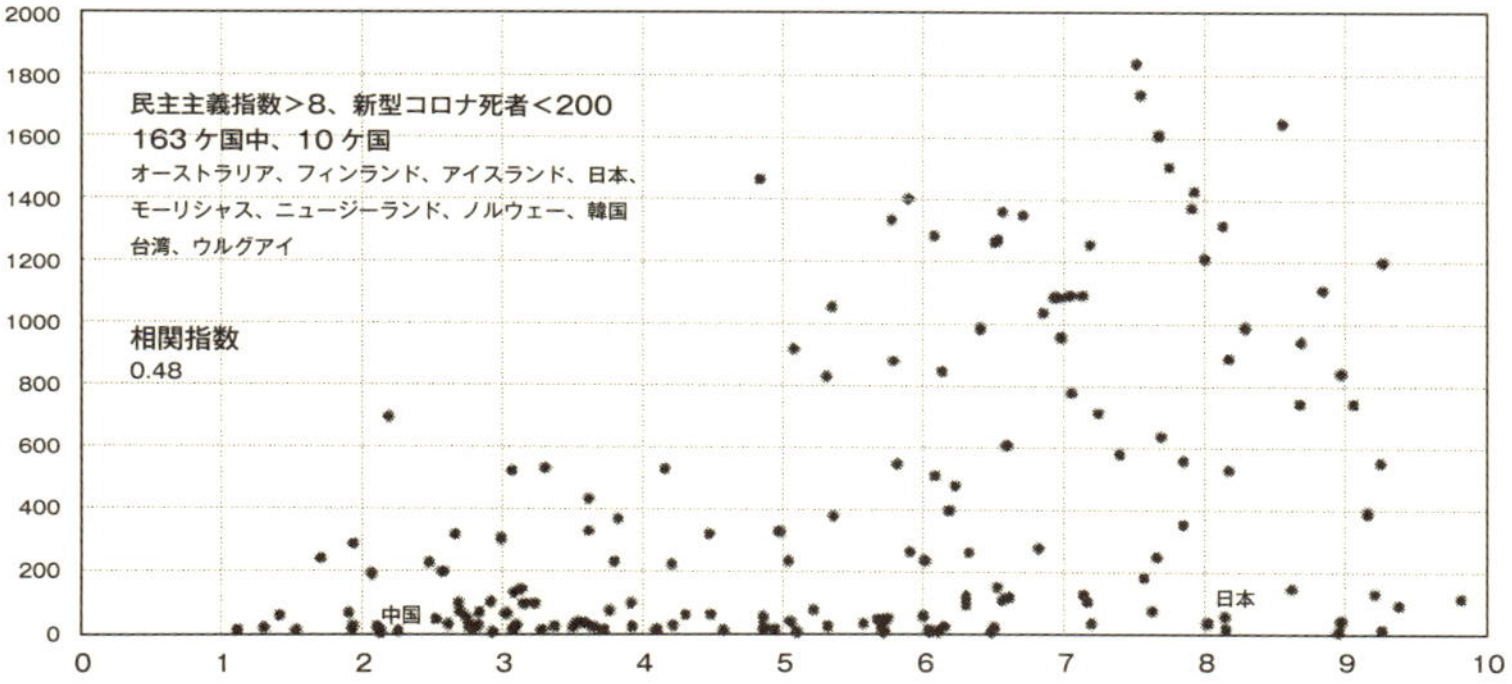

（資料）民主主義指数は、TheEconomist Intelligence Unit 2020。
死亡者数は、https://www.worldometers.info/coronavirus/ 2021.2.7 現在

ています。

75ページほどのレポートの中から、データセットを取り出さなければなりませんが、手作業でやりますから、少し時間がかかります。

ちなみに、２０２０年の民主度１位はノルウェー、日本は21位、アメリカは25位、中国は１５１位、最下位は北朝鮮で１６７位です。

コロナの死者数のデータは、各国のデータをまとめてくれている『ワールドメーター』というサイトがあり、そこからエクセルデータとして取り込みました。

このデータの中には、１００万人当たりの死者数のデータがあります。２０２１年２月７日の時点での１００万人当たりの累積死者数のデータを使いました。こちらは２２０くらいの国・地域のデータがあります。

『エコノミスト』のデータと『ワールドメーター』のデータは、国名の表記が違っているものがありますから、アルファベットで並び替えて、国名が一致しているデータにします。そのうえで、両方にデータがある国だけを抜き出します。

こういう作業をするのに時間はかかりますが、作業が終われば、あとは散布図にするだけ。散布図にしてみると、予想したとおり三角形の形に並んでいました。

散布図を描く前から「非民主国は死者数が少なく、民主国は大きくバラつくから、三角形になるだろう」というストーリーを持ってグラフ化の作業をしていますので、グラフができれば、もう終わり。あとは、ストーリーを文字に起こせば出来上がりです。

今回は、事前に想定したストーリーが当たっていました。しかし、グラフにしたときに想定と違うものが出てくることもあります。そういうときには、筆者の想定が間違っていたのでボツにします。ボツにしたうえで、自分の想定のどこが間違っていたのだろうと考えていくわけです。

自分の想定と違っていることはいくらでもあります。しかし、ボツになったとしても、なぜボツになったかを検証することによって、精度は上がっていきます。

この散布図には国名を入れることができますが、文字が重なって見えにくくなりますので、点だけの表記にしています。

日本は、右下のほうに点があります。民主度の高い国の中で、死者数がかなり低い国です。中国は、100万人当たりの死者数は少ないのですが、民主度は非常に低いため、左下のほうにあります。

このグラフの中で、民主主義指数が8を超え、かつ、新型コロナの死者数が100万人当たり200人未満の国を抜き出してみました。グラフで言えば、右下の2つのブロックの中に点が入っている国です。

オーストラリア、フィンランド、アイスランド、日本、モーリシャス、ニュージーランド、ノルウェー、韓国、台湾、ウルグアイの10カ国です。これらの国々は、民主度が高いのに死者数が少ない国です。

テレビのコメンテーターの中には、アジア諸国の死者数が少ないのは、靴を脱いで部屋に入るからではないかと主張していた人もいますが、10カ国の中には、日本のように靴を脱ぐ国もあれば、靴を履いたまま室内に入る国もあります。コロナ死者数は、土足かどうかということだけでは説明しきれません。

10カ国の中では台湾が圧倒的にパフォーマンスが良いですが、163カ国全体の中で見れば、日本は「民主度が高く死者数が少ない」という指標において、10位以内に入るような非

図18

民主主義指数(横)と一人当たりGDP(縦、2000-2019平均、ドル)

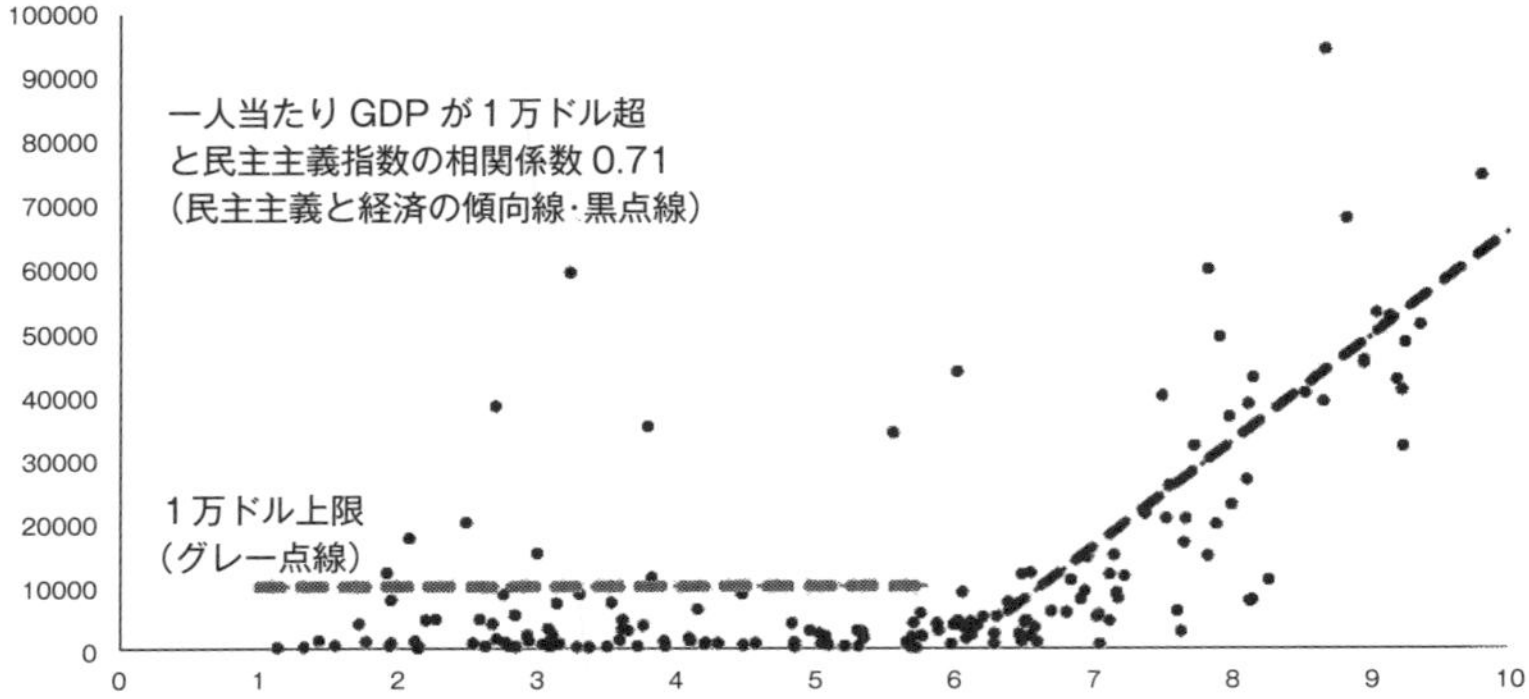

(資料) 民主主義指数は、The Economist Intelligence Unit 2020
一人当たり GDP は、World Bank

常にいい位置にいます。

民主主義とのいろいろな関係は興味深いので、図18も紹介しておきます。これは、ある外国政府関係者から本国へのレポートとして引用させてくれないかと連絡があったものです。このような連絡は学者としてもとてもうれしいものなので、引用の仕方も含めて許諾しています。

これは、ある程度の民主化が進まないと、一人当たりＧＤＰは長期的に1万ドルを超えないということを説明するものです。

民主主義指数が6より大きくないと、一人当たりＧＤＰは1万ドルをなかなか超えず、民主主義指数が6以上になると、民主化に応じて一人当たりＧＤＰは大きくなることを示しています。

もちろん、例外はあり、それはほとんど産油国です。

この図は、中国の今後がかなり予想できる材料になります。そろそろ中国の成長率が鈍化するとか、鈍化すると対外的なはけ口を求めてきて、台湾・尖閣が危ういとか、その他の情報を組み合わせると、興味深い話ができます。

目盛りの違うグラフを出した愚かなマスコミ

２０１６年に放送された『池上彰　緊急スペシャル！』（フジテレビ系）は、ネット上で大きな批判を浴びました。

「格差はなぜ世界からなくならないのか」という問題を、池上彰さんが解説し、ゲストのタレントや一般参加者が聞くという番組でした。真面目な番組ではありましたが、ネット上での評判はさんざん。番組内での「アメリカでの格差が最近広がった」という指摘は正しかったものの、アメリカと比較して、「日本の格差もひどい」と指摘するために使った図表がネットで酷評されました。

そのグラフを再現したのが図19・図20です。

図19

日本の平均所得の推移

1980年の値を1として
「The World Wealth and Income Database」
のデータを基に作成

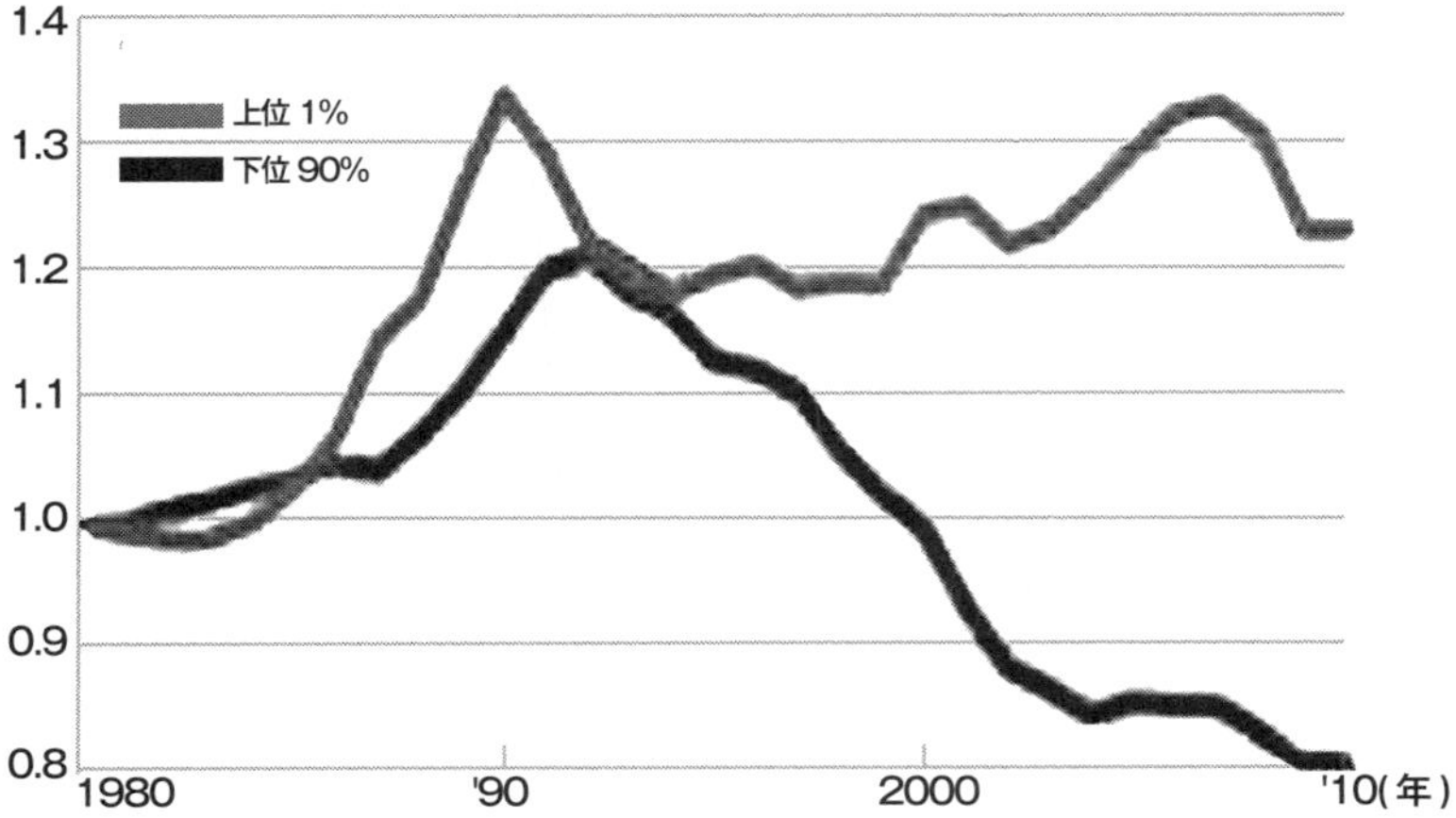

図20

米国の平均所得の推移

1980年の値を1として
「The World Wealth and Income Database」
のデータを基に作成

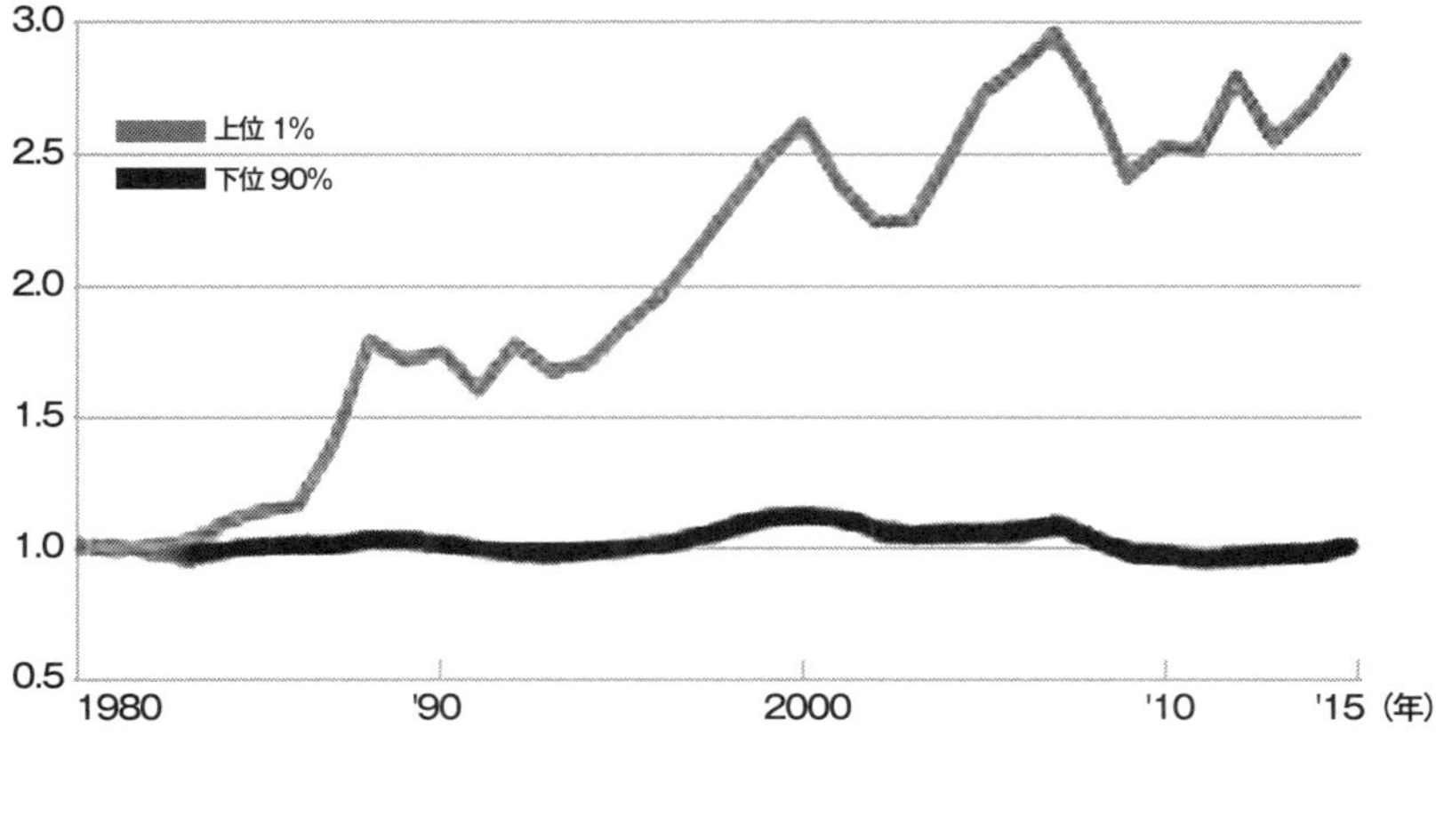

図21

日本の平均所得の推移

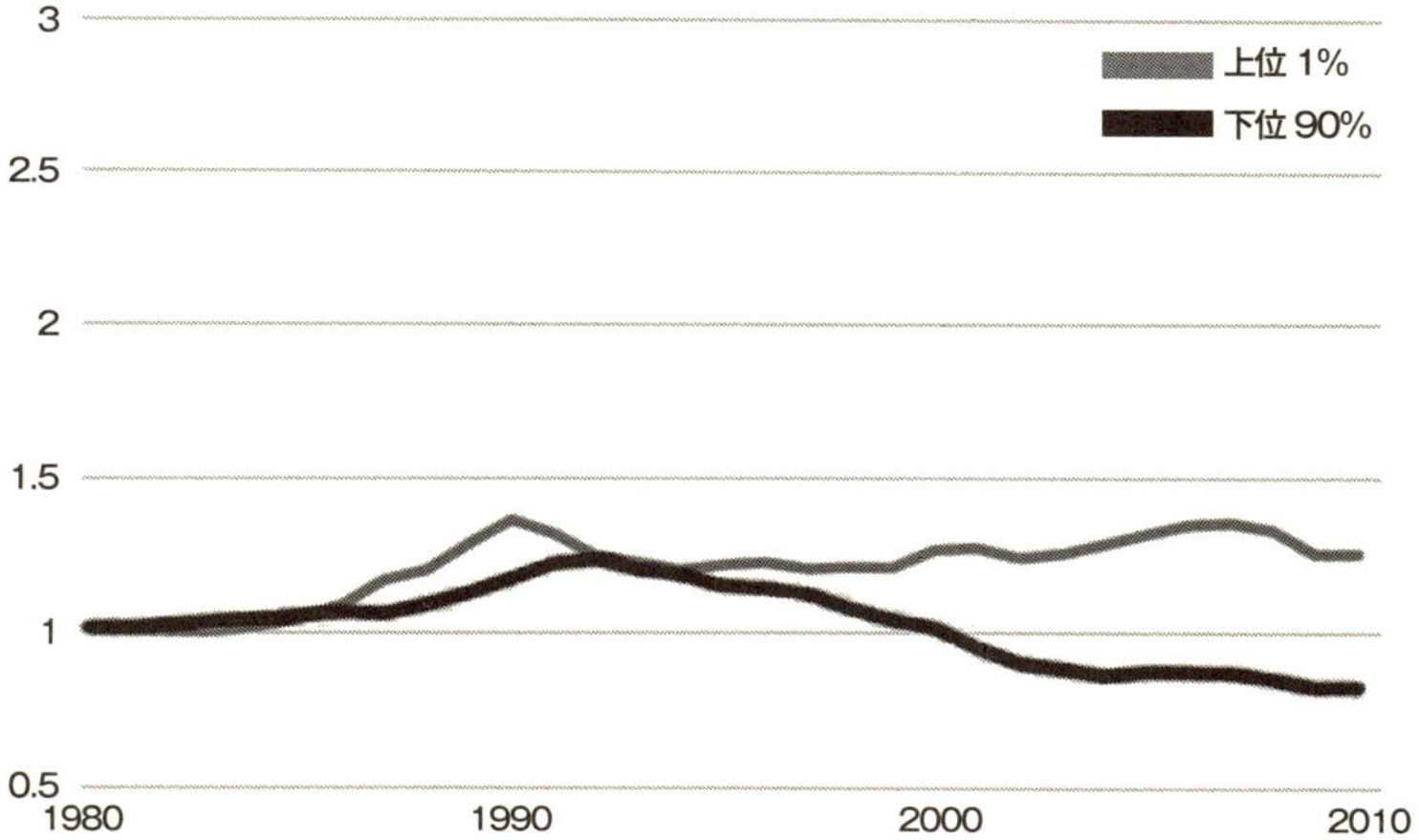

（資料）World Wealth and Income Database

私は池上さんの番組を含めて、テレビをほとんど見ませんから、録画してあったワンセグの番組を見て確認してみました。

「あっ、ホントだ！」。

これは、ちょっとひどすぎます（笑）。

日本とアメリカの2カ国について、上位1％と下位90％の平均所得の推移を表したものですが、一目でわかるように、日本とアメリカの2つのグラフは、縦軸の目盛りが違っています。日本のグラフは0・8から1・4までですが、アメリカのグラフは0・5から3・0。日本のほうが、アメリカより4倍ほど大きく見せて、〝盛って〟いるのです〈(3.0−0.5)/(1.4−0.8)=2.5/0.6=4.17〉。

目盛りを変えるのは、子供騙《だま》しの典型です。まさかテレビのゴールデンタイムの番組でそれが見られるとは驚きました。

さっそく正しい目盛りに直してグラフを作り、『現代ビジネス』に記事を書きました（図21）。番組のデータのソースは、私もよくアクセスしているサイトでした。同じデータを使って、目盛りをアメリカと合わせたグラフにしています。

目盛りの違うグラフを作ってしまうと「日本のほうが格差が開いている」という逆の結論を生みかねません。同じ目盛りで比較すれば、日本のほうが格差が広がっていないことがわかります。

私はこういうグラフを作るときには、日本、アメリカだけでなく、他の国々のグラフも作って、その上で結論を導き出します。先進国で比較してみると、日本はそれほど格差が広がっていないほうの国です。

マスコミは、日本とアメリカだけを比べたり、コロナ関係であれば日本と台湾だけを比べたりしがちです。それでは恣意的な結論につながりかねません。客観的な結論に近づけるには、世界のいくつもの国々と比べてみて、そのうえで結論を出すべきです。

いろいろな国のデータで5枚、10枚のグラフを作り、世界全体の中での日本の位置づけを把握したうえで、最終的に1枚か2枚を選び出して発表するというのが私のやり方です。

それにしても、図19・図20のグラフを見て、番組スタッフも池上さんも何も気がつかなかったとしたら、ちょっと不思議です。ネット上で批判が相次いだのは、誰もがすぐに気がつく最悪のレベルのものだからです。

こんなグラフはビジネスでは通用しない

私はよく知らなかったのですが、「ビジネス数学」というものがあるらしく、検定試験まであるそうです。

ビジネス数学を説明するページの中に、図22のようなものがありました。

左側のグラフでは、情報が多すぎて伝えたいメッセージが伝わらないから、上司に説明するときには、伸びた部分を強調するために右側のグラフのようにすべきだと書いてありました。

「?・」しか、浮かびません。

こういう恣意的な印象操作をするのは「数学」ではありません。

そもそも、まともな経営者や管理職なら、右側のグラフを使わずに、左側のグラフを使っ

●Aさんの 3、4月の営業成績　　　　基となるデータ：Aさんの営業成績

図22

製品	A	B	C	D	E	F	G	H	I	J	K	L	M	受注総数
3月受注数	10	20	41	15	8	19	15	5	9	33	17	21	37	250
4月受注数	14	29	27	30	6	13	15	11	5	30	18	27	40	265

伝えたい部分を表現するグラフを選ぶ

×NG!

情報が多すぎて
「本来伝えたいメッセージ」が伝わらない

●3、4月の担当全商品の受注数

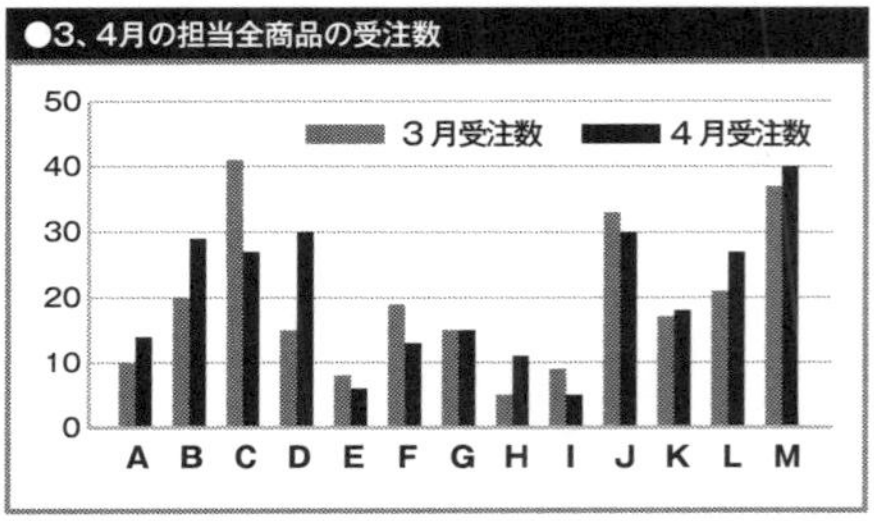

○OK!

伸びた部分を強調！

●3月から4月の受注数の伸び

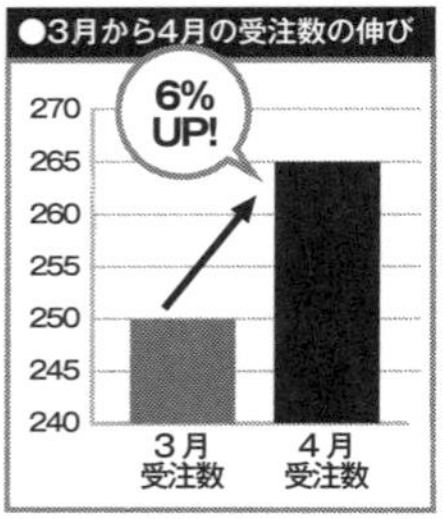

て判断するはずです。

私は、実際に経営者の人にこれを見せて聞いてみました。

「こういうグラフを部下が持ってきたらどうですか？」

と聞いたら、

「話になりません」

という返答。こういう部下がいたら、経営者は大変です。

普通の経営者や管理職は、売れ筋の商品と売れていない商品を見極めて、商品の特性を考えながら判断します。売れている商品の仕入れを増やして売り伸ばそうとし、売れていない商品は、売れ残りになる可能性が高いため仕入れを減らしたりするはずです。全体の数字が伸びて

いるかどうかで、判断するわけではありません。

全部ひっくるめて「こんなに伸びたから、よかったね」と言う経営者はまずいません。せっかく商品別の個別データがあるのであれば、それを活用して、今後につなげていきたいと考えるのが経営者です。

数学という学問は、インフォメーションが多いものはそのままにしておいて、それをいかに解釈するかということがポイントです。自分に都合の良い数字だけを印象に残るように見せるのは、数学ではありません。

図22の左側のようなグラフを作るのでしたら、2カ月分だけでなく、もう少し長く期間を取って、売れ行きの推移を検討することが必要です。あるいは、前年同月と比較するなどの検討が必要になります。そのうえで、商品別に戦略を考えることが、本当の数学の生かし方です。

ほかにも摩訶不思議なビジネス数学の話がネットにたくさん出ていました。一番驚いたのは、ある年代の人が結婚する確率は、結婚するか、しないかだから2分の1の確率だと書いてあったことです。

確率には、そういう定義はありません。「結婚するかしないかだから、2分の1の確率」などと言っていたら、話になりません。数学を知っている人からは、「ビジネス数学は、いかがわしいもの」という印象を持たれるはずです。

プレゼンの資料などで、都合の良い部分を強調しているものをときどき見かけますが、そういうことをしていると信用を失います。見る人が見れば、すぐに印象操作だとわかってしまいます。

私は、円グラフを多用する人をあまり信用していません。人間の視覚認知においては、円グラフの面積の大きさを正確に比較することはできません。図22の左側の商品群を円グラフにしたら、どの面積が大きいのか、まったくわからなくなるはずです。棒グラフにして並べたほうがはるかに認知しやすくなります。

円グラフは情報を正しく読み取ることができない特徴がありますから、できるだけ使うのを避けるべきです。

最悪なのは、3Dの円グラフ。厚みがありますので、手前と後ろで錯覚が起こります。前のほうが厚みがあって大きく見え、後ろのほうは小さく見えます。

私は、3Dの円グラフを使ってプレゼンをしている人で、仕事のできる人を見たことがありません。3Dの円グラフのプレゼンを見た瞬間に、「この人はダメだな」と判断します。折れ線グラフと棒グラフのほうがデータを正しく認識しやすいので、折れ線グラフと棒グラフを使ってください。

繰り返しますが、相手を騙したり、印象操作をしたりするためにグラフを使うべきではありません。すぐに「この人、ダメだな」とバレますよ。

10年後には新聞発行部数がゼロになる？

図23は、新聞の発行部数の実績と予測のグラフです。

10年後には新聞の発行部数がゼロになるという衝撃的な予測ですから、新聞関係者に大きなショックを与えてしまったようです。

しかし、数字がそれを示しているだけであって、私が恣意的に予測した要素は一つもありません。

新聞発行部数は、日本新聞協会が２０００年から２０２０年までのデータを出しています。種類別の発行部数や、一世帯あたりの部数、世帯数なども数字が出ています。私は日本新聞協会の数字を元に数式を作って、予測値を出しただけです。

新聞発行部数の実績と予測　図23

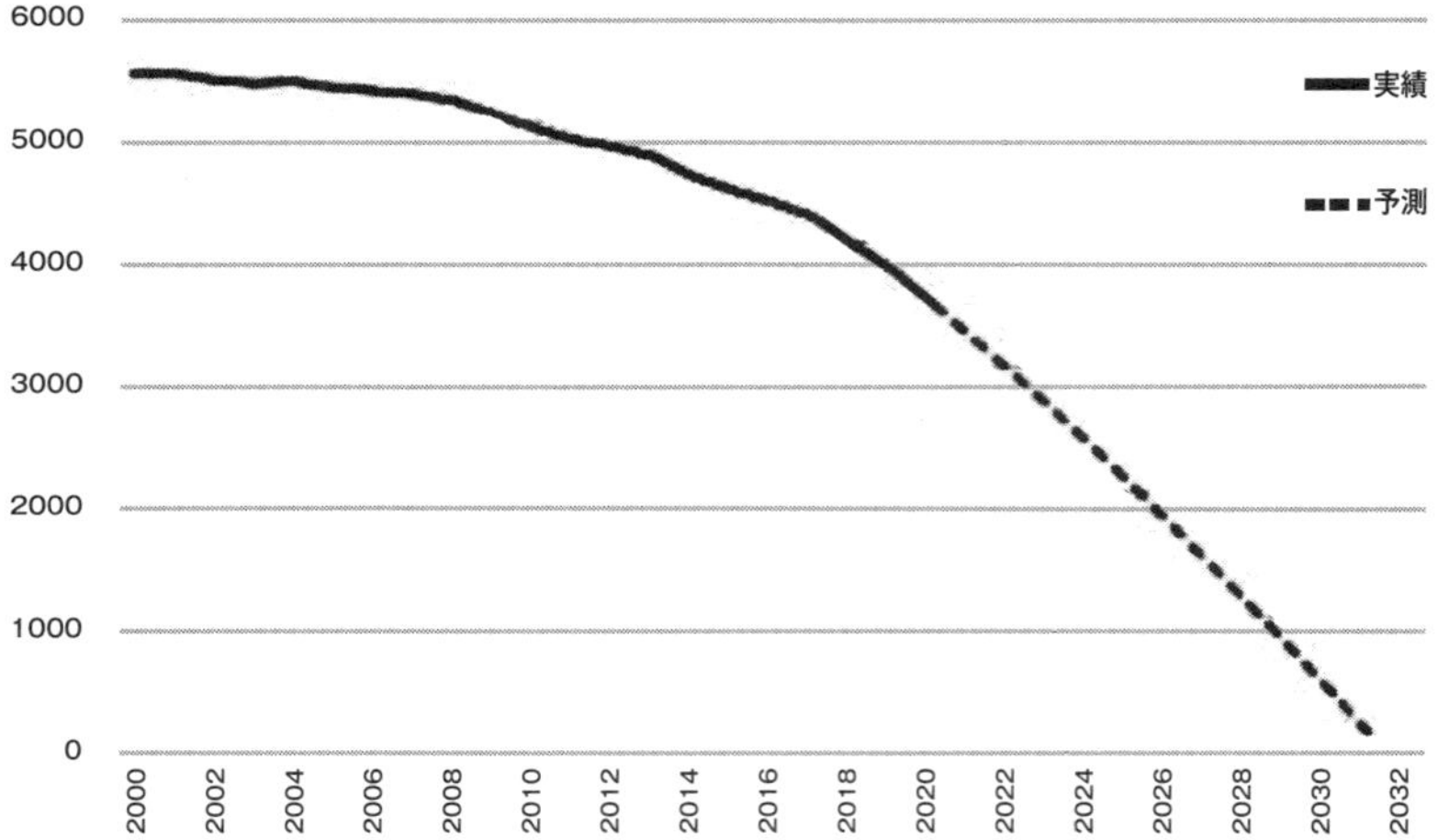

（資料）発行部数実績は日本新聞協会資料、予測は、人口推計（2018）などから筆者予測

データを調べてみると、新聞が減っていく速度は一定ではなく、加速しているように見えました。そこで、加速度を調べてみると、加速度がほぼ一定でした。これを発見しましたので、「物理法則とまったく一緒の線を描く」とわかり、すぐに計算式ができました。

速度が一定であれば、単位時間当たりに進む距離は一定です。しかし、速度に加速度がついているときには、単位時間当たりに進む距離はどんどん長くなっていきます。

加速度の代表的なものが重力。例えば、上から下に物を落とすと、最初の速度は小さいけれども、加速して速度はどんどん速くなっていきます。速度の増加につれて、最初は単位時間当たりに下に落ちていく距離は短いけれども、落ちていく距離がどんどん長くなっていきます。

空気抵抗がない状態で、物を横に放り投げたときには、横方向の速度は変わりません。単位時間当たりに横方向に進んでいく距離は一定です。重力がかかっている縦方向は、加速していき、落ちる距離がだんだん長くなっていきます。つまり、放物線を描いて落ちていきます。新聞発行部数も、重力と同じで加速度がほぼ一定ですから、物を横に投げたときと同じ軌跡で進んでいくと予測できます。それをグラフ化したのが図23です。２０００年から２０２０年までは実績、そこから先は、軌跡を伸ばしただけです。計算式を当てはめれば、２０２１年以降の予測位置が出てきます。

軌跡をたどっていくと、10年後の２０３１年頃に発行部数ゼロのところに到達しました。「もっと早く新聞はなくなる」と主張している人もいるようですが、根拠を示してもらわないと検証のしようがありません。私は、過去20年間のデータを元に回帰式を作り、それを当てはめました。当たるかどうかはわかりませんが、データに基づかない予測よりは説得力があるはずです。

恣意的な要素はまったくありません。単に、データが物理法則に従っていると示しただけです。

表を作るときのポイントは、過不足なく分けること

本章の最後に、表の作り方を見ておきます。

前項で、新聞発行部数の実績と予測を示しましたが、図24は、その要因を分析した表です。テレビの状況も加えています。

表にするときに一番重要なことは、過不足なく分けること。過不足なく分けるのは、データ分析の基本中の基本です。

世の中には、「3つの観点から言いますと……」などというこという人がいますが、多くの場合は自分の思いつきでテキトーに3つに分けているだけです。それではダメ。3つの中で重複がある場合はきちんと分けたことになりませんし、3つ以外のものがある場合は、漏れがあることになります。

ロジカルに考えることのできる人は、過不足なくきちんと分けることができます。学生のレポートを見ていても、ロジカルに考えられる学生と、頭の中がゴチャゴチャしている学生の違いは、過不足なく分類できているかどうかでわかります。

図24

	技術	特権	状況	今後
新聞	大量印刷・配布技術	日刊新聞紙法、価格カルテル、軽減税率	ストーリーありき、ていへんだ、一つのみで煽る。レベル低いくせに、上から目線意見	技術的優位が失われ、特権があっても、崩壊中
テレビ	電波利用	クロスオーナーシップ、電波割当		

言い方を変えると、過不足なく分けることができる人は、物事の全体像を理解しているということ。それに対して、過不足なく分けることができない人は、物事の全体像が見えておらず、部分しか捉えていないことを表しています。全体像をきちんと理解していないので、重複したり、不足があったりするのです。

図24では、技術、特権、現状、今後に分けています。もう少しわかりやすく分けると、「過去、現在、未来」です。「過去、現在、未来」という分け方には重複も漏れもありません。過不足なく分けています。過去から現在に至るまでを現状とすれば、「現状、今後」の２つに分けることもできます。こちらも、過不足がありません。

説明を聞けば、簡単にわかると思いますが、案外、この当たり前の分け方を思いつかない人が多いようです。

図24は、「過去、現在、未来」に分けたうえで、過去という表現ではわかりにくいため、過去の中の主要な要

素として、技術と特権を取り上げています。これは、統計の主成分分析という手法を使って、過去を説明するために一番うまく説明できる主成分を取り出したものです。社会科学のイロハを応用しているだけですが、技術と特権によって、過去についてはだいたい説明ができます。

過去の状況を見るときには、背景になっている技術と特権を押さえておく必要があります。新聞の技術は、大量印刷・大量配布技術です。工場で大量に印刷して、大量に配ることは、昔はかなり難しい技術でした。海外と違って日本では宅配をしていますが、これもかなりの技術力を要します。

ところが、今は新聞を紙で読む必要はなくなり、各家庭に届ける必要もなくなってきました。よって、新聞の技術優位性は失われました。

テレビは電波を利用しています。インターネットで映像を配信できるようになるまでは、電波による配信は最高の技術でした。最高の技術力があるために、テレビ業界は発展してきましたが、インターネットによる映像配信が進み、テレビ業界は技術優位性がなくなってきています。

次に、特権を見ていきます。

新聞の特権は、日刊新聞紙法です。日刊新聞を出している新聞社の株式は、法律で譲渡制限されています。日本経済新聞社はフィナンシャル・タイムズ社を買収できますが、フィナンシャル・タイムズ社が日本経済新聞社を買おうとすると、譲渡制限に引っかかってきます。要するに、日本の新聞社は特権で守られているということです。

新聞記者たちは、この法律をほとんど知らないようです。企業や政府が不祥事を起こすと、新聞は「ガバナンスが問われる」などと書きますが、そもそも新聞社自体が、株式を買われる心配がなく、一般株主の監視によるガバナンスが効いていません。

価格カルテルは、新聞の再販売価格が維持されていること。独占禁止法の適用除外という特権があります。

消費税の税率が8％から10％に引き上げられたときに、新聞には軽減税率が適用されました。これについて書き始めると長くなりますので（笑）、簡潔にしますが、比喩的に言えば、財務省の〝毒まんじゅう〟を食べてしまったということです。軽減税率の適用で財務省から恩恵を受けてしまったので、財務省の政策に対して是々非々《ぜぜひひ》の主張がしにくくなっています。もっとも、軽減税率の適用前から、新聞はほとんど財務省の言いなりでしたが。

テレビの特権の一つは、クロスオーナーシップ。欧米ではメディアの集中排除原則から、一新聞社が放送業に資本参加して影響力を行使するクロスオーナーシップは規制されています。しかし、日本では多くの新聞社がテレビ局の大株主となっていて系列化しています。

電波割り当ては、国民共有の財産である電波がオークション制度になっていないこと。オークション方式であれば、テレビ局はおそらく非常に高い電波使用料を支払わなければならなくなります。しかし、総務省によって電波が割り当てられているため、携帯電話会社と比べても、圧倒的に安い電波使用料しか支払っていません。携帯電話会社は100億円以上支払っていますが、民放キー局は6億円台です。これはテレビ局の大きな特権です。

技術と特権で、新聞、テレビの現在に至るまでの経緯がわかります。これで、「過去」については整理できました。

「現状」は、何を書いてもいいのですが、少し茶化して書いています。

「ストーリーありき、ていへんだ、一つのみで煽《あお》る」のがマスコミの特徴。本章でも述べてきたように、マスコミの記事にはデータを分析したグラフが入っていません。ストーリーありきで、自分たちの思い込みで記事を作って、「てーへんだ」と騒いでいます。

さて、マスコミの「今後」ですが、大量印刷・配布技術や電波などの技術的優位が失われてきていますので、特権があっても厳しい状態になっていくでしょう。それを端的に示しているのが、図23で見た新聞発行部数の推移と予測です。

物理法則のような軌跡で落ちていくときには、技術要因が関係していることが多いものです。新聞を取り巻く技術要因が大きく変化しているということであり、特権だけではとてもカバーしきれません。

表ができあがれば、文章にすることはけっこう簡単です。グラフと同じで、表を作る過程で頭の中で考えたことを文字に起こすだけです。

第6章

デジタル仕事術には、セキュリティとトラブル対応も必要

不具合やトラブルへの備えも大切

デジタル仕事術には課題もあります。主なものは、システムのトラブルとセキュリティです。それらについても見ておきます。

スマホやパソコン、通信システムには、不具合やトラブルはつきものです。オンライン会議のときに、パソコンがフリーズしてしまったり、回線の状態が悪くなってうまく音声・画像が表示されなくなったりすることも、よく起こりがちです。そういうときに、どうするかを考えておくことも重要です。

Ｗｉ-Ｆｉの場合、電波の状態によって通信速度が低下することがあります。

この本の企画で出版社とオンライン会議をしているときに、私の画像・音声がうまく表示されなくなったことがありました。つながりが悪くなってから20秒後くらいには、回線をつなぎ直して再度会議に参加しましたので、「こんなに早く復帰！」と驚かれました。

私の自宅は、鉄筋が入っていて、場所によってはＷｉ-Ｆｉがうまく届かないところがあります。そのため家の中にいくつかのアクセスポイントがあるのですが、複数のアクセスポイントがあるときには、ｉＰｈｏｎｅは放っておくとテキトーにどれかのアクセスポイントに接続します。

画像・音声が乱れたので、アクセスポイントを確認したら、Ｗｉ－Ｆｉの電波の弱いところに接続していました。いったんオンライン会議から退出して、強い電波のアクセスポイントにつなぎ直して会議に復帰しました。

Ｗｉ－Ｆｉで接続していて、音声や画像が乱れたときには、アクセスポイントと電波の強さを確認してみることも、トラブルシューティングの一つです。

トラブルの修復に戸惑って、仕事や会議が長時間にわたって中断することがないように、トラブル時の対応も想定しておいたほうがいいと思います。

有線ＬＡＮの回線も１カ所くらいは確保しておく

職場でパソコンでつないでオンライン会議をするのであれば、Ｗｉ－Ｆｉより有線ＬＡＮのほうが確実です。Ｗｉ－Ｆｉは電波が干渉して通信状態が悪くなることがあります。有線ＬＡＮのほうが高い安定性を持っています。

ある小規模な会社を訪問したときに、有線LANの回線が1つもなく、社員は全員Wi-Fiでつないでいて、ちょっと驚いたことがあります。Wi-Fiのつながりが悪くなったときのために、有線LANを1回線くらいは用意しておいたほうがいいと思います。Wi-Fiの調子が悪くても、有線LANでつなぎ直せば、仕事や会議を続けることができます。

本格的にLAN回線を敷くと、フロアの工事が必要になりますが、私でしたら、フロア工事はしないにしても、1カ所くらいは有線LANでつなげるポイントを作っておきます。そこから安定的な回線を確保できます。

会社で外部の人とオンライン会議をするのであれば、そのくらいのことは考えておいたほうがいいでしょう。

私は、家の中の何カ所かにルーターを置き、どの部屋でもワイヤレスLAN（Wi-Fi）が使えるようにしています。

ただ、有線LANも整備してあります。10年前に家を建てたときに、カテゴリー6の有線回線をフロアの中に入れました。それで各部屋に有線LANの接続ポイントがあります。

今は、カテゴリー7や8も出ていますが、カテゴリー6でも1Gbpsまでは対応していますから、たぶん後5年くらいは持つと思います。この分野は技術進歩が速いですから、何十年も持たせるのは難しいのですが、その時点での最先端のものを入れておけば、10年くらいは持ちます。

実は私は、大蔵省に入省して3年目くらい、今から40年近く前に、省内にＬＡＮを整備する担当になりました。最先端の光ファイバー回線を入れましたので、回線の容量は大きく、かなり年数が過ぎても使えたそうです。設備投資は少しお金をかけて最先端のものを入れておくと、長く使えるものです。

2台を同期させておくと、1台に不具合があっても大丈夫

私がｉＰｈｏｎｅを2台持ち歩いているのは、片方を使えないときにもう一方を使えるからです。

例えば、総理から電話がかかってきたときに、電話がうまくつながらないと困ります。2台持っていれば、片方がつながらないときに、もう一方を使うことができます。ｉＰｈｏｎｅを持っている人はわかると思いますが、片方に着信したときに、もう一方のｉＰｈｏｎｅ

でも受信できます。

別々の携帯電話会社と契約したｉＰｈｏｎｅを2台持ち歩いていれば、電話会社のシステム障害のときにも対応できます。一度、ａｕにトラブルがあったときに、ＮＴＴドコモではトラブルがなくて、助かったことがあります。

2台持っていれば、どちらか1台が不調になったときに、もう1台のほうを使って対応できます。２つのｉＰｈｏｎｅを完全に同期させていて、まったく同じ状態にしていますので、どちらを使っても同じです。

自宅ではパソコンも、メインともう1台を同期ソフトを使って完全に同期させてあります。どちらかのパソコンが故障しても、もう1台をまったく同じ状態のパソコンとして使うことができます。

2台ずつ揃えるのはコストがかかりますが、トラブル対策としては、やはり予備のものを作っておくのが一番です。

外出先へはバッテリーも持って行く

仕事で外出するときには、バッテリーも持って行きます。

メインのiPhoneと予備のiPhoneの2台を持ち歩いていますから、仕事をするだけならバッテリーのことはそれほど気にしなくても大丈夫なのですが、私の場合はゲームをよくやります（笑）。

ゲームをすると、バッテリーの減り具合が早いので、充電用のバッテリーを持ち歩いています。

iPhone11のときは、アップル純正のバッテリーはケース一体型のもので、かなり分厚くなってしまいました。iPhone12は、磁石式のバッテリー（マグネティック・バッテリー）を使えます。iPhoneの裏側に磁石でくっついて充電されます。使わないときには、パカッと取り外せます。磁石式のバッテリーを持ち歩くだけでいいので、充電がとても楽になりました。

バッテリーは、サードパーティの中国製のものを使っています。さすがにバッテリーでデータを盗まれることはないでしょうから、セキュリティ面でもおそらく問題ないだろうと思います。

外出するときにはバッテリーを持って行きますが、自宅でも電源の確保には気を配っています。私はメカ、ガジェットが好きで、家の中にパソコンやメカ、ガジェットがたくさんありますので、家を建てるときに、コンセント口をたくさん作りました。契約電流もたっぷりとってあり、停電対策もしています。

セキュリティに問題のあるＬＩＮＥは使っていない

私は、ＬＩＮＥは使っていません。

私のアドレス帳の中には、政府要人の携帯電話番号がたくさん入っています。それがＬＩＮＥの運営会社を通じて他国に流れたりするとまずいので、リスクの高いＬＩＮＥは使わないのです。

実は、７年前くらいに、ＬＩＮＥの情報を韓国政府がのぞいているのではないかという話が政府内で出ました。ちょっとした記事にもなっています。

そのときに、ＬＩＮＥの規約をあらためて読んでみました。第三国にデータを移転することがあることや、業務委託先にアクセス権を与えることがあることなどが前提で書かれていました。

要するに、「韓国や中国にデータが渡ることがある」ということです。

それほど驚くようなことではなく、インターネットサービスは国際分業をしていますから、委託、再委託をするときに、外国に委託することもあります。その際に作業のためのフルアクセス権を与えるのは、ごく一般的なやり方です。規約を読めば、韓国や中国にデータが渡ることは容易に想像できます。

2021年3月に、LINEの中国の委託先で日本人の個人情報が閲覧可能になっていたことが報じられました。データが韓国内のサーバーに保管されていたことも発覚して、大騒ぎとなりました。

私は、LINEの情報が海外に流れているというニュースを聞いて、「やっぱり」と思いました。

外国にデータが渡った場合に、各国政府がデータの中身をのぞくことは、国際社会では当たり前に行われています。

多くの先進国には、通信の秘密の法律があります。ただし、保護されるのは自国民だけ。外国の人には適用されません。自国民の情報を政府がのぞくことは認められていませんが、政府が他国の人の情報をのぞいても法律違反ではありません。当たり前のごとく外国人の情報をのぞいています。

中国の場合は、「国家情報法」という法律で政府に情報提供して協力することが義務づけられています。

自宅の安全を守るセキュリティ・カメラなどを使っている場合に、そのサーバーが中国に置いてあることはよくあります。自宅の内部の様子を中国政府が全部見ていると考えておいてもいいくらいです。実際に見ているかどうかはともかく、中国の会社は中国政府からデータを見せろと言われたら、見せなければなりません。

デジタルの世界は、国際的に分業されていますので、セキュリティに関するリテラシーを高めておかないと、リスクが高くなります。

仕事とプライベートの端末は本来分けるべき

省庁や自治体でＬＩＮＥを行政サービスに使っているところがたくさんありますが、私は、常々「危ないな」と思っていました。役人たちには、セキュリティのリテラシーが不足しているのだろうと思います。

ちなみに、官邸の人たちは、セキュリティの確保された端末を渡されます。そこにＬＩＮ

Eのアプリが入れられることはありません。国家の機密を扱っている人たちにとっては、当然のことです。

私は、役人を辞めて以降、政府との直接的な関係はなくなりましたが、政府要人の電話番号はスマホの中に入っており、政府要人から電話がかかってくることもありました。少なくとも官邸のセキュリティ・レベルくらいには合わせておかないといけないと思い、自主的にセキュリティを考えていました。仕事で使っているスマホには、LINEのアプリも、中国のバイドゥのアプリも当然入れていません。

セキュリティの問題は、個人の情報と政府・自治体の情報に分けて考えるべきです。個人の情報が漏れるのも困りますが、政府や自治体など行政機関の情報が漏れるのは、重大な問題です。

もし、公務員がLINEを使うのであれば、仕事用とプライベート用の2台持ちをして、仕事用にはアプリを入れず、プライベート用にアプリを入れて使うべきです。ただし、プライベート用のスマホに職場の人のアドレスや仕事のデータを入れてしまったら、意味がありませんが。

アプリを最小にすれば、セキュリティは高まる

私の見る限り、多くの人はスマホにアプリを入れすぎです。

アプリには何が仕込まれているかわかりませんから、無造作にたくさんのアプリをインストールするとリスクは高まります。

絶対に使う必要最低限のアプリしか入れなければ、安全性は高まります。仕事で使うアプリは限られているでしょうし、買い物や遊びで使うアプリも、安心できるものだけに限定したほうがいいでしょう。

外国製のアプリは、データが抜かれるかもしれないという疑いの目を持ち、規約をよく読んでからにすべきです。

特に、仕事の情報が入っているスマホは要注意。

アプリをたくさん入れたければ、2台持ちにして、仕事で使わない個人のスマホにインストールすべきです。

私のスマホに入っているアプリはスケジュール、テキストエディタ、会議クライアント、

ゲーム、電子マネーなどごく少数です。少ないアプリでも仕事は十分にできます。

グラフのデータが流出しないようにしている

これまで述べてきたように、私は図表を作ることに力を入れています。できあがってしまえば簡単な図に見えますが、そこに至るまでには、様々な仮説を立て、何度も試行錯誤しています。

図表の中にエッセンスが詰まっていますから、図表はとても大切なもの。その図表のデータが勝手に流用・盗用されないように気を遣っています。

エクセルで作った図表を渡すときに、エクセルのファイルで送ったり、エクセルのグラフをパワポに貼り付けた状態で送ったりすると、背後にあるデータや計算式まで渡してしまうことになります。

私の企業秘密が全部明らかになってしまいますので（笑）、エクセルのグラフをまずＰＤＦに変換します。ＰＤＦも盗用が可能ですから、ＰＤＦをＪＰＧの画像に変換して解像度を低くし、そのＪＰＧ画像を相手に渡しています。

手間はかかりますが、データを守るためにいろいろと気を配っています。

セキュリティを守るには、注意するに越したことはない

私の家には、パソコンが10台くらいあり、ネットワークになっています。家の中が小さな企業のオフィスのようです（笑）。

自宅内のネットワークと外部のインターネットをつないでいますから、セキュリティは重要で、ファイアウォールを作っています。ネットワーク全体のサーバーが置いてあり、そこで外部との接続のセキュリティチェックをやって侵入できないようにしています。10台のパソコンは、ウィンドウズとマックOSとLinuxの3つのOSを使っていますが、それぞれセキュリティを経由させてつないでいます。

セキュリティは、少し気を許すと破られてしまいます。注意していてもやられることはありますが、注意するに越したことはありません。

私は、メールを見るときに余計なクリックはしません。うかつにクリックすると、そこからセキュリティが崩れます。

知らない人から送られてきた添付ファイルやＵＲＬリンクは、一切クリックしません。添付ファイルを開くのは、相手のことをよく知っていて、安全だと判断できる場合だけです。つきあいのない出版社が執筆依頼状として送ってきたＰＤＦくらいは開きますが、それ以外はクリックしません。

「添付ファイルは開かない」「リンクはクリックしない」というのが、セキュリティを守るための原則です。

第7章

究極的なデジタル仕事術のためには、プログラミングを学ぶことが必要

プログラミングがわかれば、さらに上の仕事ができる

デジタル仕事術として、「スマホなどのデジタル・ツールを使いこなせること」「データ分析・グラフ作成ができること」の2つを中心に見てきました。さらに上のデジタル仕事術を目指すのであれば、プログラミングを学んでおきましょう。

「AI時代」とよく言われますが、AIについて誤解している人が少なくありません。AIに過大な期待を抱いてしまったり、AIに仕事が奪われると過度に恐れている人は、おそらく、プログラミングというものをまったくやったことのない人だろうと思います。プログラミングについてきちんと学んでおけば、AIの実態も理解できます。AIに過度な幻想や恐怖心を抱くことはなくなるでしょう。

AIというのは、人間がプログラムしたものです。「人工知能」と訳され、人間のような知能を持っているかのように思われていますが、そうではなく、人間が書いたプログラム通りに機械が動いているだけです。

AIが人間より優れている点は、大量かつ高速にデータを処理できること。AIに夢を見

ている人には申し訳ありませんが、ＡＩは、単なる「プログラムの塊」です。

プログラミングというのは、コンピュータという機械に対して人間が指示を出して、何らかの作業をさせること。「機械は、命令すれば動く」と思っているかもしれませんが、機械に人間の指示を理解させるのは、案外、難しいことです。

機械が直接的に理解できる言葉は、機械語という原始的なもの。私は、機械語を大学の数学科で習いました。いわば、機械と会話するための言語です。

機械語は機械にとってはわかりやすい言葉ですが、人間にとってはわかりにくいため、もう少し人間にわかりやすい言葉にしたのがプログラミング言語です。最初に機械語を勉強すると、プログラミング言語はその亜流のようなものですから、だいたいのことがわかります。

その後、大学時代にいろいろなプログラミング言語を学びました。Ｃ言語はけっこう汎用性が高く、役に立ちました。Ｃ言語といってもいろいろなタイプがありますが、１つのＣ言語がわかると、ほかのタイプのＣ言語は方言のようなものですから、ほぼわかります。ルールが少しずつ違っているといった感じです。

今は、人間にとってさらにわかりやすい言語になっています。ＯＳがあって、その上にアプリケーションがありますが、アプリケーションを作れば、ＯＳを介して、誰でもコンピュータと会話できるようになっています。

コンピュータとの「会話」という言葉でわかるように、プログラミング言語というのは、英語やフランス語と同じ「言語」です。コンピュータが話している言語を話せるようになれば、コンピュータと会話をすることができます。

視点を換えれば、「翻訳」することがプログラミングです。日本語でコンピュータに指示を出してもコンピュータは理解できませんから、コンピュータがわかる言語に翻訳してコンピュータに伝えるということです。

プログラミング言語の習得は、「語学習得」と同じようなものです。

語学の一種ですから、始めるのは若ければ若いほど有利です。年を重ねてくると、新しい外国語を覚えられなくなるように、コンピュータ言語もなかなか覚えられなくなります。私も、学生時代に覚えたプログラミング言語はわかりますが、最近のプログラミング言語にはよく知らないものもあります。機械語がわかりますので、ある程度の想像はつきますが。

プログラムがわかれば、アプリのことも理解できる

プログラミングがわかると、自分が使っているアプリのこともわかるようになります。

本書ではエクセルの活用法について述べてきましたが、私は、エクセルの使い方を覚えることはしていません。エクセルの背後で動いているプログラムについて想像がつくからです。エクセルのプログラムが、コンピュータという機械にどういった命令を出して処理をさせているか、だいたいわかります。

「スプレッドシートでは、こういうことができるだろう」と、できそうなことの想像がつきますので、あとはそれをエクセルのメニューから探すだけです。

文系の人に話すと、「ワードやエクセルの背後のプログラムなんて想像したこともない」と驚かれますが、理系の人やプログラムのわかる人なら、背後で動いているプログラムを想像できるはずです。

ワードもエクセルも、誰かが書いたプログラム通りに動いているだけです。どういうプログラムが動いているかを考えれば、「こういうことはできそうだ」と想像ができて、使い方を覚えなくてもほとんどのことに対応できます。そういう意味では、プログラムについて勉強しておくと、とても便利です。

本書で紹介した秀丸エディタはワープロソフトのようなものですが、斉藤秀夫さんという人が書いたプログラムです。作家が文章を書くのと同じで、斉藤さんというプログラマーがプログラミング言語で書いた文章です。

なぜこういうことを述べているのかというと、プログラミングをしたことのない人は、ソフトウェアをブラックボックスのような特別なものと思い込んでいることが多いからです。そうではなくて、ワードもエクセルも人間が書いた文章です。政府のシステムも、銀行のシステムも、人間が書いた文章。ＡＩも人間が書いた文章です。

人間が書くと、必ずミスは起こります。完璧だと思っていてもミスがあります。

自分でプログラムを書いてみると、そういったことがよく理解できるようになります。以下、私がプログラムに関わって、学んだことなどを紹介します。

遊びで作ったプログラムが非常に役に立った

私は、昔は自宅のパソコンでよくプログラミングをしていました。

今は、もう目が疲れてしまいますので、プログラミングはしていません。プログラミングは目が衰える前の40代くらいまでが適齢かもしれません。60歳を超えると根気もなくなってきます。面倒くさくなって、「自分で作らなくても買ってくればいい」という気になってしまいます（笑）。

お遊びでいろいろなプログラミングをしていました。金融のリスク管理プログラムなども勝手に作っていました。

ところが、これが思わぬところで役に立ちました。

私は、大蔵省の理財局から別の部署に異動になったときに、理財局が運用している資金の金利リスクについて部内ペーパーを書いて、次の部署に行きました。すると、私のペーパーを読んだ上の人の顔が青ざめて、「これは大変だ。すぐに何とかしなければ」ということになったようです。

当時、大蔵省理財局の資金運用部は、３００兆円から４００兆円くらいの資金を運用していました。この巨額の資金が金利変動リスクにさらされていて、手を打たないと莫大な損失が発生する可能性がありました。

金利リスクを回避するには、ＡＬＭ（Asset Liability Management：資産・負債の総合管理）システムの導入が必要でした。

とはいえ、このシステムを導入するには、プログラミングのことをわかっている人でないと、何をどう発注していいかすらわからない状態になります。大蔵省は文系の官僚ばかりで、プログラミングなどチンプンカンプン。さらに言えば、金利リスクを回避するための数理モデルをわかっていないと、中身のチェックができません。文系官僚には、数理モデルがわかる人などいませんでした。

「髙橋を呼び戻せ」ということになって、急遽、ALMのシステム開発に携わることになりました。

国の資金に巨額の損失が出かねない状態のままであることが知られたら、大変なことになります。極秘プロジェクトでした。局長直属のプロジェクトで、局長室のすぐ近くに小さな部屋を与えられて、誰も出入りできないようになっていました。

外注したら2～3年はかかるプログラムですが、私に下された命令は、「すぐに作れ」というめちゃくちゃなもの（笑）。内容を明かさずに業者の人に聞いたら、10億から20億円くらいかかるとのこと。

そのときに役立ったのが、自宅で遊び半分に作っていたALMの原型のようなプログラムです。それを使いました。

3カ月というスピードで完成し、資金が金利リスクにさらされても管理することができました。とても感謝され、大蔵省を救った「中興の祖」とまで言ってもらいました。

私は自分で骨格をプログラミングし、システム会社にはほとんどプログラミング言語だけで仕様書を書いて発注しました。「仕様書がプログラミング言語で書かれていたのは初めてです」と驚かれました。私が書いたプログラムはざっくりしたもので、さらに文法ミスがあるかもしれませんので、それをチェックしてもらい清書してもらって、システムを作り上げていきました。

こちらもプログラマー、相手もプログラマー。お互いにプログラミング言語でやりとりすると、非常にスムーズにいきます。「こういう機能のものを作りたい」と言葉で説明して、相手がそれをプログラミング言語に書き直すと、間違いが生じることがあります。プログラミング言語で書いた仕様書であれば、誤解のしようがありませんので、まったく問題なく進みました。例えてみると、通訳なしの直接会話です。

業者の人からは、「これでは儲けになりません(笑)」と言われました。こちらが書いたプログラムを清書してもらって、組み込んでもらうだけの仕事でした。

プログラムのわからない人が発注すると、受注者は発注者の意図がよくわからないので、「こういう機能は必要ですか?」と聞いてきます。発注者は何もわかっていないので、「お願いします」「こういう機能は必要ですか?」「では、こういう機能は必要ですか?」「それもお願いします」となります。

後で検証すると、まったく使われていない機能まで発注されていることがしばしば。オーバースペックになり、開発期間も延び、費用も多額になります。

業者の人に聞くと、発注者がプログラミングを知らない人であるほうがいいそうです。何もわかっていないので、「全部機能をつけてくれ」ということになり、儲かるのだそうです。

私のように、誤解のしようのないプログラミング言語による発注で、「これとこれだけ」と指示されると、相手は儲けにつながりません。

私は、普段は残業をしませんでしたが、このプログラム開発のときだけは残業をしました。残業代だけで、すべてのプログラムを作りました。

そのとき、ふと頭の中に「役所を辞めて、自分で受注しようかな」という考えが浮かびました（笑）。中身を完全に知っていますので、競争入札をやっても受注は確実です。5億円くらいで入札すれば、落札できたでしょう。

もちろん、そんなことはしませんでしたが、プログラムを書けるだけで、圧倒的な強みになることを実感できました。

ちなみに、このときの副産物として、私は国のバランスシートに強くなりました。ALMシステムで国の持つ金融関連の資産と負債を総合管理するには、国全体の資産と負債を調べなければなりませんでした。一つ残らず調べて、全体システムの把握と各特別会計の資金管理・資金フローやデータをすべてつかんで入力していきました。山林から自衛隊の戦闘機や艦船から何から何まですべての資産価値を算出して、データを入れていきました。国家全体のバランスシートを作ったのは、世界に先駆けた試みとなりました。

「本人確認」と「資金の流れ」が行政システムのベース

財務省は税金を取ることは一生懸命にやりますので、私がまだ役人をやっていた時代から、e-Taxのシステム開発が始まっていました。e-Taxの優れている点は、シンプルな仕組みであり、2004年に始まって以来17年くらい経っても大きな障害が起こっていないことです。安定性の高いシステムと言えます。

私はe-Taxのシステム開発にも若干関わっています。財務省時代に、システムのことに詳しい人がほとんどいなかったため、開発を手伝うことになりました。

e-Taxは、わかりやすく言うと、「本人確認」と「資金の流れ」の2つのプログラムでできています。「本人確認」は、インチキをしないように身元を確認するためのものです。

2016年から交付が開始されたマイナンバーカードを使えば、「本人確認」はさらに簡単にできるようになりました。ICカードを読み取って、パスワードを入力させて一致すれば、本人と確認できます。ICカードを持っていなければ、マイナンバーやパスワードを知っていても認証されませんし、不正にICカードを入手しても、パスワードがわからなければ、本人と認証されません。

もう1つは、「資金の流れ」を管理するシステムです。こちらは、銀行の入金と出金のシステムのようなものです。

e-Taxのシステムを作ったときに、「このシステムをコピーして各省庁が使えば、補助金申請システムなんて簡単にできる」と思っていました。でも現実には、財務省以外はどこも使いませんでした。

財務省も、お金を取ることには熱心ですが、お金を配ることなど考えていないので、徴収専用です。このシステムを使ってお金の流れを逆にすれば、新型コロナウイルスの定額給付金はもっと簡単に配ることができました。

納税者の銀行口座と紐付いていれば、「納税者↓国」の矢印を逆にして、「納税者↑国」にするだけです。定額給付金を配り終わるのに2カ月もかかるようなことはなかったはずです。

マイナンバーカードを使うことができたのは、定額給付金の申請時だけでした。私はマイナンバーカードをスマホで読み取って申請しましたので、ほとんど時間がかからずに申請できました。しかし、そこから先がまったくダメ。国から納税者へのお金の流れが想定されていないため、e-Taxを使うことはできず、口座に振り込まれるまでに時間がかかりました。

補助金は、お金の流れを「国↓国民」に変えるだけです。既存のe-Taxの仕組みをちょっと変えれば簡単にできます。

現実には、各省庁が独自にシステムを開発してしまい、バラバラになってしまったため、非常に非効率です。今になって、デジタル庁という話になっていますが、システムのことをよくわからない文系の役人に指揮を執《と》らせるのは心配です。

e-Taxを作ったときに、システムの中身を文系の役人たちに話すと、みんな「わからない」と言っていました。プログラムのできる人から見たら、まったく難しくない話を伝えただけなのですが、プログラムがわからない人にとっては、まるで理解できないようでした。

今求められているのは、プログラムがわかり、システムがわかる人。どの分野でもそういう人材が求められています。

経営者にもプログラムの理解が必要な時代

2021年2月に、みずほ銀行が大規模なシステムトラブルを起こしました。

みずほ銀行のシステムは旧3行のシステムを統合してできています。プログラムを書いたことがない人にとっては、システム統合は簡単そうに思えるかもしれませんが、きわめて難しい作業です。

わかりやすく言えば、言語が3つあるということ。3人、別々の言語を使う人がいたら、コミュニケーションをとるには通訳も3人必要になります。通訳するたびに間違いが起こる可能性が出てきます。

みずほ銀行のシステムは、標準語を1つ作って統合してきたはずですが、その統合がいかに大変だったかを物語っていると思います。

問題は、幹部にプログラムのわかる人がいないのではないかと思えること。システム担当の部下から話を聞いても、理解できないのかもしれません。

いまや銀行というのは装置産業です。「システムが命」の業界ですから、システムのことがわかる人たちが幹部にならないと、話になりません。私は、これからの銀行は、プログラムのわからない人は1人もいらないのではないかとすら思っています。

プログラムのわかる人がいれば、合併は対等合併ではなく、吸収合併でなければならないと気づいたはずです。対等合併の場合は、各社のシステムが併存します。吸収合併ならば、1つに統合しやすくなります。

政府のデジタル庁も、そのやり方をしなければなりません。今は、地方自治体がばらばらのシステムを使っていますが、これは一番まずいやり方。デジタル庁に多額の予算をつけて、デジタル庁のシステムをコピーして全国の自治体に配り、自治体独自のシステムはなくしてしまうくらいのことをしないと全国のシステムがうまくつながらなくなります。

完璧だと思っていても、思わぬことが起こるのがプログラム

私は、郵政民営化のときのプログラムにも関わっていました。

プログラム開発自体は、1つのシステム・言語を4つの会社にコピーして分けるというものでしたので、その点では難しくありませんでした。各社の業務に必要なプログラムに違いはありましたが、もともと1つのシステムを4つにコピーしただけで、相互連関の部分は1つの言語でした。ここが統合と分社化の違いです。システム統合は難しいが、システム分割はそれに比べると簡単です。

それでも、システムのチェックには時間をかけました。年末年始とゴールデンウィークの長い休みのときしか予行演習をする機会がありませんでしたので、そこに間に合わせるように開発しました。

休みの期間に、予行演習をしてみると、「えー、こんなことが起こるの？」ということばかり。

完璧だと思っても、思いもかけないことが起こります。情けない話ですが、机上ではうまくいくと思っても、全然うまくいきません。がっかりするけれども、それは仕方のないこと。やってみて初めてわかることがたくさんあります。

だから、予行演習をきちんと行ってチェックするしかありません。年末年始とゴールデンウィークにがっちりとチェックし、それ以外にも何度もチェックして本番を迎えました。民営化初日、社員たちが新システムに慣れていないことによる問題は起こりましたが、システム障害が起こることはなく稼働して、ホッとしました。

1つの言語を4つにコピーするという比較的簡単なシステム開発でもたくさんのミスがあったのですから、みずほ銀行のように3つの言語を統合する場合には、膨大なミスが出ると想像できます。私は、みずほ銀行の問題は、チェック不足だったのではないかと見ています。

プログラムに関わったことのない人は、机上の理論通りに進むと思いがちですが、「絶対に大丈夫だ」と思っていても、とんでもないことが起こるのがプログラムです。そういうことも含めて、これからの時代のビジネスパーソンにはプログラムについての深い理解が不可欠です。

デジタル時代には、プログラミングを学んでおくことは必ず役に立つはずです。

髙橋洋一（たかはし・よういち）

株式会社政策工房代表取締役会長、嘉悦大学教授、1955年、東京都生まれ。都立小石川高等学校（現・都立小石川中等教育学校）を経て、東京大学理学部数学科・経済学部経済学科卒業。博士（政策研究）。1980年に大蔵省（現・財務省）入省。大蔵省理財局資金企画室長、プリンストン大学客員研究員、内閣府参事官（首相官邸）等を歴任。小泉内閣・第一次安倍内閣ではブレーンとして活躍。2008年、『さらば財務省！　官僚すべてを敵にした男の告白』（講談社）で、第17回山本七平賞受賞。『韓国、ウソの代償 沈みゆく隣人と日本の選択』（扶桑社）『「日経新聞」には絶対に載らない日本の大正解』（ビジネス社）『漫画でわかった！日本はこれからどうするべきか？』（かや書房）、など著書多数。『髙橋政治経済科学塾』https://takahashij.cd-pf.net/では多くの方々が髙橋洋一先生のもとで勉強をされています。

構成／加藤貴之

髙橋洋一式
デジタル仕事術

2021年5月13日　第1刷発行

著　者　髙橋洋一

発行人　岩尾悟志

発行所　株式会社かや書房
〒162-0805
東京都新宿区矢来町113　神楽坂升本ビル3F
電話　03-5225-3732（営業部）

印刷・製本　中央精版印刷株式会社

ISBN978-4-910364-06-3 C0036